ポルトガル逍遙Ⅱ

浜中秀一郎

Hideichiro Hamanaka

かまくら春秋社

ポルトガル逍遥Ⅱ ● 目次

●カバーは、リスボンの風景と観光名所を描いたヴィスタ・アレグレ社製の食器「Alma de Lisboa Charger Plate」の絵です。

ポルトガル逍遥Ⅱ

装丁　中村　聡

はしがき

ポルトガルは日本人をひきつける力がある。これがこの書を著す所以である。

三年間大使としての勤務ののち前著「ポルトガル逍遙」（二〇〇六年）を著したところ、多くの方からアメリカやコア・ヨーロッパの情報が溢れている中で、知っているようで深くは知らないポルトガル情報がコンパクトにまとめられていると評価していただいた。そして大、小さまざまな会合を含め多くの機会をいただいてポルトガルについて情報発信してきた。その際いろいろな質問をいただき、私としてはもっと多く、もっと深くポルトガルを理解していないといけないことを感じた。

一方で最近はポルトガルは大丈夫ですかという類の質問が増えた。これは二〇〇七、八年以降の金融危機にポルトガルも巻き込まれてしまったからである。実は金融や財政はたいへん重要であるものの、短く、わかりやすく説明することはかなり難しい。しかしとても大きな問題であるので、金融財政についても説明を試みた。

また二〇一二年四月から五月にかけてポルトガルに里帰りし、多くの友人に会ったり、パーティーにお呼びしたり、呼んでいただいたので、それなりの最新情報を得ることができた。エストリル、シントラまで足を延ばし、ロリドッシュのブドウ畑も見てきた。危機の中のポルトガルの人々の表情や行動も肌で感じてきた。

『ポルトガル逍遥Ⅱ』の内容を簡単に説明しておこう。

第一部では詩人のペソア、ノーベル賞作家サラマゴ、イタリア人のタブッキが書いたポルトガル・ガイドを取り上げる。ついで我々日本人がポルトガルにサウダーデ（郷愁）を覚えるのは第二次世界大戦後の困難な時期に遠いポルトガルまで出かけた志賀直哉、大宅壮一、三島由紀夫のおかげで、彼らの残してくれた紀行文を振り返ってみる。

さて、明治に入ってからの条約改正交渉の中でポルトガルが重要な役割を演じたことはあまり知られていないので、どんな交渉であったかを調べて行くうちに、ポルトガルの文人ヴィンセスラウ・モラエスの神戸領事としての赴任の遅延の事情もわかった。モラエスが大正末、昭和初めに日本社会に知られるようになったことやモラエスが日本をどう見ていたかも今回詳しく述べることとし、ラフカディオ・ハーンとの比較も試みる。ついで日本の文人でポルトガルに住んだ檀一雄を取りあげ、檀がどれだけポルトガルに魅せられていたかを見てみよう。どんな経緯でポルトガルに住んだのか、どんな生活をしていたかもたずねる。

欧州通貨危機、債務危機についてはポルトガル一国にとどまらず、共通通貨ユーロや他の国々の動向まで見る必要がある。やや専門的となるものの二章にわたって論じている。

第二部では、ポルトガル本と呼ぶべき本が多数あり、それらを紹介する。まず檀一雄の前後に阿川弘之、北杜夫、遠藤周作、司馬遼太郎がポルトガルに旅をし、紀行文を残してくれているので、それらをたずね、彼らがどうポルトガルとかかわったか、ポルトガルをどう見ていたか探ることとする。つぎにザビエル、アルメイダ、フロイスなど一六、七世紀に活躍した人々を描く南蛮ものや『モラエス恋遍路』、『7月24日通り』など現代ものをたくさん紹介し、これら文人のポルトガル理解を通じて、ポルトガルに迫ることとする。今後これらをもとに多くの方々とポルトガルを話し合う機会があるとよいと考えている。

第三部ではわれわれはポルトガル人が日本にやってきて与えた影響は計り知れなく大きいことを承知しているが、日本に来る前後に中国南部（マカオ）、フィリピン、台湾、そしてとりわけ琉球に大きなインパクトを与えた。種子島漂着を理解するためにもこれらの地域についてもっと知る必要がある。これらの地域の受けた影響や相互関係を概観する。つぎにポルトガル、プロシア、スイス、ベルギー、イタリア、デンマークとの条約交渉を紹介する。徳川幕府は安政の五カ国との条約取結のあとこれら六カ国と条約を結んだ。これら六カ国事情を通覧すると当時のヨーロッパ諸国のそれぞれの関係、位置がわかり、幕府も大きな歴史の潮流にこの時対峙していたことがわかる。最後に福沢諭吉の努力をみてみよう。当然ながら幕末、明治初めの頃の日本人の外国の知識は乏しいものだったところ、福沢諭吉は条約取結国についての正確かつ重要な情報を庶民に広めるための本を書いていることを紹介する。

第四部では、もっともポルトガルらしい話題、サクラとオリーブ、イワシとクジラとイルカ、タングステンなどをとりあげ、また明治初めの岩倉使節団が予定しながらポルトガルを訪問できなかったことを紹介する。加えて、平成二四年春にポルトガルを再訪したので、その手記を掲載している。

そういう次第で「ポルトガル逍遙Ⅱ」を著すこととなった。ポルトガルはたいへん興味が尽きない国であり、前著と合わせポルトガル理解が一層深まることを期待している。

著者記す

平成二七年　秋

第一部　ポルトガル事情

第一章　豪華なポルトガルガイド

現代社会を代表する作家たちがポルトガルを紹介するガイドブックや旅行本を書いてくれていることをご存じだろうか。三人を紹介しよう。一人はフェルナンド・ペソアである。ペソアは二〇世紀前半のポルトガルの詩人で今日では世界的にもよく知られる作家である。次がポルトガル初のノーベル賞作家のジョゼ・サラマゴである。もう一人はイタリア人ながらポルトガル語の作品を残したアントニオ・タブッキである。タブッキはペソア研究家でペソアを世界に紹介した者でもある。

1

ペソアには『ペソアと歩くリスボン』がある。このガイドは一九二五年に書かれたものの未発表のままであったところ、ペソア生誕百年の一九八八年に発見され、一九九二年に刊行されたものである。

ガイドは船でアルカンタラ桟橋に到着してリスボンに上陸するところから始まる。東に進み、国鉄の臨時駅（現在のカイス・ド・ソドレ駅）を過ぎると、ひときわ立派な建物の市庁舎があるが、さらに進むとコメルシオ広場（かつての名はテレイロ・ド・パソ、宮殿広場）で、中央には国王ジョゼ一世のブロンズ製騎馬像がある。ジョアキン・マシャード・デ・カストロの作で、一七七四年に鋳造、台座を飾る彫刻は一七五五年の大震災（リスボン地震）から復興するリスボンの姿を表したものである。このような具合にペソアは詳しく記述を進める。

ロシオ広場の方面はどう描かれているだろうか。バイシャ地区からオウロ通り、アウグスタス通り、あるいはプラタ通りを北進すると、左手に、リスボンの見どころの一つである一九〇二年完成のサンタ・ジュスタのエレベーターがあるが、フランス人技師ラウル・メニエールの設計と説明される。その先がドン・ペドロ広場いわゆるロシオで、広い長方形の広場、三方を一八世紀のポンバル様式の建物で囲まれ、ほとんどの交通機関が経由する街の心臓部、中央にはドン・ペドロ四世像があり、デザインはダヴィウッド、製作はエリアス・ロベール、完成は一八七〇年であると続ける。

さらに北に進み、リベルダーデ通りを過ぎ、ポンバル侯爵広場に至る。ポンバルの没後百年の一八八二年に国王ルイスが礎石を置き、像の建設が始まったが、このガイドが書かれた時点で完成直前であったことから、『ペソアと歩くリスボン』が一九二五年に書かれたことが判明した。

ペソアはその後、カンポ・グランデ地区、サン・ヴィセンテ・デ・フォーラ教会、大砲博物館、アルファマ地区とサン・ジョルジュ城、シアード地区、サン・ジョアン・バティスタ礼拝堂、アルカンタラ展望台、アグアス・リヴレス水道橋、ネセシダーデス宮殿とアジュダ宮殿、ジェロニモス修道院、ベレンの塔、国立馬車博物館、国立古美術館などをガイドし、さらに時間のある人のためにリスボン郊外の観光地、ケルース、シントラまで網羅している。

ポルトガルに大使として赴任していた間にはたくさんのお客様をお迎えしたが、中には広場の名前の意味、像の国王の治世はどうだったか、像はだれがいつごろ作ったかという質問も多くあった。事前に東京で買って、ポルトガルへ持って行っていた私にはペソアのガイドブックが大いに役立ったことは言うまでもない。

フェルナンド・ペソアは今日では二〇世紀ポルトガルを代表する詩人と評価されている。一八八八年リスボンに生まれ、一九三五年リスボンで没した。早くに父を亡くし、母の再婚に伴い幼少期を南アフリカのダーバンで過ごし、英語による教育を受けていた。ポルトガルに戻って、リスボン大学に進んだが、中退し、その後さまざまな会社を転々としながら、前衛芸術運動を繰り広げた。生前に刊行されたものは詩集『メンサージェン（メッセージ）』一冊であった。その後未発表原稿が整理され、多数の作品集が刊行されている。ブルーのきれいな装丁の『ポルトガルの海』には、本名のペソアのほか、異名のアルヴァロ・カンポス、リカルド・レイス、アルベルト・カエイロと名乗って作られた詩が収められている。

ペソアはこのガイド・ブックで何を伝えたかったのだろう。未発表原稿を整理した者の一

リスボン・ガレット通りにあるペソア像

人であるテレーザ・リタ・ロペスによると、ポルトガルとはヨーロッパのどこかにある、なんだかよくわからない小さな国で、往々にして、スペインの一部と思われている節すらあるが、ポルトガルの文化を外に向かって発信し、誤解を正し、無理解の溝を埋め、ポルトガルの地位を高める必要があるとペソアは考えたのだろうと解説する。だからであろう、ペソアはこのガイドブックを英語で書いている。

ガイドブックには政治社会情勢に触れるところがある。たとえば、ドン・ルイス広場に自由主義運動の英雄的指導者サ・ダ・バンデイラ侯爵のブロンズ像が立っている、テージョ川沿いの広場にはリスボンを専制政治から解放したテルセイラ公爵の記念碑があるという具合だ。自由化運動の指導者サルダーニャ侯爵にはその名を冠した広場の説明の中で賛辞を述べている。そのような中でとりわけペソアのナショナリストの心情が強く出ているのはシドニオ・パイスへの言及である。パイスは一九一七年一二月から翌一八年一二月まで一年間首相を務め、ロシオ駅で暗殺された者である。王政が転覆したのち、共和制ポルトガルの国家承認を得るために途中で参戦した第一次世界大戦では苦しい戦いを強いられ、国内でも窮状に陥っていたポルトガル国家の強力な指導者たらんとしたパイスをペソアは強力に支持していたのである。

2

ジョゼ・サラマゴに『ポルトガルへの旅』という作品がある。サラマゴは一九七五年にディアリオ・

ノティシアス新聞社を追われると、翻訳家として生計を立てていたが、一九八〇年代に入ると精力的に文学作品を発表し始めた。八一年に『ポルトガルへの旅』、八二年に国際的評価の高い『修道院回想録　バルタザルとブリムンダ』、八六年に『リカルド・レイスの死の年』などを著し、九〇年以降も多作である。九五年にはカモンイス賞、九八年にはノーベル文学賞を受賞している。ポルトガルの人々はサラマゴをポルトガル語圏初のノーベル文学賞受賞者という言い方を好んでする。

ノーベル賞作家がどうポルトガルを紹介するかを知るうえでも『ポルトガルへの旅』は興味深い。一九七九年一〇月のある午後スペインからポルトガルに入るが、それはポルトガルの北東端、ドウロ川の上流のミランダ・ド・ドウロで、そこからアルガルべまで半年の間自動車旅行を続けた。たくさんの写真、八枚の地図まで付いているが、サラマゴ自身はこれを単なるガイドやメランコリックな旅の本として書いたのではない、ポルトガルの歴史と文化を追求する旅の物語であると書いている。まだ日本語への翻訳がなされていないので、英語版を参考にした。

この本は六章に分けられている。第一章は北東から北西、つまりトラズ・オス・モンテス、ミーニョ、ドウロ・リトラル地方で、一番多くのページが割かれている。ドウロ・リトラルにあるポルトも入る。第二章がコインブラを含むベイラ・リトラル地方、第三章がベイラ・アルトとベイラ・バイシャ地方、第四章がモンデゴ川からサド川まででナザレ、サンタレン、マフラ、シントラ、リスボン、セトゥーバルなどの都市を含む。第五章はアレンテージョ、最後の章がアルガルべ地方で、一番短い章となっている。

具体的にポルトはどう描かれているだろうか。主人公の旅行者（トラベラー、サラマゴのこと）

はセ（大聖堂）広場からスタートする。いったん下って狭い小道を行き、窓の外に干している洗濯物の悪臭を嗅いでは世の中いいことばかりでないと述べ、ソアレス・ドス・レイス美術館に寄り、ギリシャ大理石を使った彫刻の「流罪人（デステラド）」がよいと褒める。その後セ大聖堂に向かい、旅行者自身はロマネスク様式を好むものの、この教会の外装、内装のバロック様式の美しさはイタリア人のニコラス・ナソーニに負うものであると記す。残念であり、また驚きであるのはドン・ルイス一世橋、ワイン工場、エンリケ航海王子広場、ボルサ宮、サン・ベント駅のアズレージョ（装飾タイル）などは触れられていないことである。

リスボンはどこを見るのだろう。西から市内に入ると、まずジェロニモス修道院である。この修道院の建物は建築物として奇跡であり、圧倒されるとし、巨大な船底を上にしたような構造を持つが、柱なしで作られた建築上の偉業と説明する。テージョ川中のトーレ・デ・ベレン（ベレンの塔）も見るが、レガッタ競争を見るにふさわしい位置にある、一度も戦争に巻き込まれず、破壊されずに存在しているとやや皮肉っぽい。

それから国立古美術館を訪れる。まず美術館の建つ高台からテージョ川と船が見える光景を大いに楽しんでから中に入り、ヌーノ・ゴンサルベスの「聖ヴィセンテの衝立」、ヒエロニムス・ボシュの「聖アントニウスの誘惑」等々に見入り、この美術館はロンドンのナショナル・ギャラリー、パリのルーブル、フィレンツェのウフィツィなどと比較されるべき内容を持っているとする。一六世紀のポルトガルの作品が特に良いというが、たとえば「衝立」に描かれている王侯貴族や発見の時代（大航海時代）が良いと言っているわけでなく、これらの作品にはポルトガルを構成する特性、キャラクターがある、ポルトガルのナショナル・アイデンティティがあると主張している。

サラマゴは不満も述べ出す。テレイロ・ド・パソ（コメルシオ広場）はなんで駐車場になっているんだろうか、セ大聖堂はもともとはロマネスク様式で建てられ、ファサードと胸壁はリスボン大地震でも崩れなかった素晴らしいものだが、内部はゴシックやバロック様式のものが後から加えられ、建築上の欠陥の例だと手厳しい。サン・ジョルジュ城はローマ、西ゴート、ムーア時代に戦いに使われた砦なのに、今は公園のようだと憤る。

アルファマ地区は迷路のような路地、密集している家々からなり、まるで他とは違った生き物のようであると言って、あちらこちらさんざん道に迷いつつも旅行者のサラマゴは楽しむ。ついでマドレ・デ・デウス教会に出る。リスボン大地震で崩壊したが、一八七二年に再建する際は昔の絵に描かれているように注意深く再建したので、第二次世界大戦の破壊からワルシャワを復興させたような注意がポルトガルではすでにその昔に払われていたと指摘する。

リスボンから南に向かうにはテージョ川をまたぐ橋を渡るが、今は四月二五日橋と呼ばれているものの、以前はヒポクリット（わざとサラマゴは書いていないが、独裁者サラザールのこと）の名前が付いていたと毒舌を吐き、橋の付近からよく見えるアグリス・リヴレス（水道橋）についてはその昔の碑文はリスボンの人々の決断と負担で建てられたとなっていたが、今は賢明な王の治世のもと良い水をリスボンに引くために建てられたと改竄されたのだとサラマゴの心情が明かされる。

まだまだ旅は続くのだが、この旅行記の特徴をいくつかあげてみよう。まず宗教よりも美へのこだわりが強い。カストロ・ヴェルデで、牧師に中を見たいと言うと、牧師は「信徒ですか」と聞くが、「いや違う、問題ですか」との会話の後、中を見せてもらう。人々は宗教的信条のみのため教会へ来るのではない、ポルトガルの美を見に来るとサラマゴの哲学が語られる。サラマゴは無神論者と広言している。次に、教会であろうと、王宮であれ、彫刻であれ、石にたいへんこだわる。そして石の醸し出す雰意気、感触を大事にし、そしてそれらを作りだした石工の力量を評価する。第三に旅で出会った人々を大事にする。たとえば、トラズ・オス・モンテス地方のリオ・デ・オノール村の貧しい農夫と妻とは狭い農地で生計を立てるのは難しいと対話し、南部アレンテージョ地方のトーレ・デ・パルマ村でローマ時代の遺跡を探している間にUCP（かつてあった集団農場）の標識を見つけ、農夫に「最近この付近の集団農場はどうですか」と尋ね、「悪くないよ」と聞く会話を楽しむ。終生共産主義者だったサラマゴがここに現れる。第四にアルガルベでは外国からの旅行客が多いため、ポルトガル語が話されない、何ということだ、と嘆く。サラマゴの考えでは、文化と人々の遺産（レガシー）が大切で、国民的遺産（ヘリテージ）を創造していくことが必要と訴えている。

サラマゴはリスボンから北東へ約一〇〇キロのリバテージョ地方のアジニャーガという寒村に一九二二年に生まれ、二歳の時村では貧しすぎて暮らせなくなった親に連れられ、リスボンに移り住んだ。高校を中退し、自動車の整備工になるが、その後職を転々とする。公共図書館に通い、フランス語や文学作品をいろいろ読んだという。

先に述べたように八〇年代以降精力的な執筆活動に入る。九一年『イエス・キリストによる福音書』が発表されると、ポルトガル中が混乱した。神と悪魔が取引をする、イエスが自分の役割に抗議して神に挑むといった内容で、九九パーセントがカトリックのポルトガルで騒ぎになるのも無理はない。時の首相カバコ・シルバはこの作品をヨーロッパ文学賞の候補リストから削除することになってしまった。これに憤ったサラマゴは自らを追放処分とすることとして、八八年に再婚したピラール・デル・リオの家族の住むスペインのカナリア諸島に移り住み、二〇一〇年同地で没した。もちろんポルトガルでも盛大な葬儀が行われた。

3

アントニオ・タブッキの作品は日本語への翻訳も多く、最近良く読まれている。ポルトガル語で書かれているものに『レクイエム』（一九九一年）と『供述によるとペレイラは』（一九九三年）があげられる。

『レクイエム』の主人公はある夏の日、アレンテージョ地方のアゼイタンから出てきて、アルカンタラ桟橋で人を待つが、約束が朝ではなく夜の九時と分かって、夜までの間は成り行きまかせで行動し、ある時は衝動に駆られるままリスボンの街を歩き回り、リスボンの西約二〇キロのカスカイスの先、ギンショの灯台まで遠出して、またリスボンに戻り、生者、死者多数の人に会い、最後に詩人と食事をするといった変わったストーリーだが、タブッキに巧みに話に引き込まれる。

最初に向かうのがプラゼーレス霊園である。タクシーに乗りこみ、「カモンイス広場からコンブロ通りを行き、それからエストレーラ通り、エストレーラ広場に出たらドミンゴス・セケイラをオーリケ広場まで行き、サライヴァ・デ・カルヴァーリョ通りを真っすぐ行くと霊園につく」と運転手に教える。そして到着して、墓守に墓を探してもらい、「やあ、タデウシュぼくは来たよ、こうして君に会いに来たんだ」と大きな声で言う。御承知の方は多いと思うが、タブッキの尊敬するペソアはブラゼーレス霊園に眠っているので、『レクイエム』はペソアに会い、最後に一緒に食事をする話なのである。

一〇数時間のうちにたいへん多くの人に会うことになる。わざわざタブッキは登場人物を一覧にしている。いくつかあげてみると、麻薬中毒の青年、足の不自由な宝くじ売り、タクシーの運転手、カフェ・ブラジレイラのバーテンダーといった具合である。翻訳者の鈴木昭裕氏によると主要な者だけで二三名だそうで、真夏の人けのないリスボンで一〇数時間に会うには多すぎる、この主人公のリスボンの旅は多忙ということになると結論を出している。

『レクイエム』はリスボンと郊外の旅のガイドにもなっている。ブラゼーレス霊園への行き順を紹介したが、タクシーはカイス・ド・ソドレの鉄道駅のそばでつかまえ、アレクリン街を廻って、シアードのカフェ・ブラジレイラに寄ったり、墓地の入口にジプシーの市場がたっていることを紹介しつつ、シャツを買うなどしてから霊園に入っていく。本当にリスボンをよく知っている人によるリスボン案内になっている。

「聖アントニウスの誘惑」の絵を見るため、国立美術館（古美術館のこと）に行くストーリーにも、わざわざ美術館にバーテンダーを登場させ、架空の「緑の窓の夢」というカクテルを作ってもらうが、これはこの美術館がジャネラス・ヴェルデ（緑の窓）通りにあることを案内するためだろう。

鉄道のカスカイス線に乗りオエイラス駅を過ぎたあたりの浜辺は海水浴客が大勢で、砂が見えないほどだと記し、アルト・ダ・パーラに差し掛かると、テージョ川の河口の外にブジーオの灯台が見える、カスカイスの手前でエストリル・ソル・ホテルのきれいな建物が見えるとわずか数ページの間にいろいろな地元ならではの情報が満載である。

料理の情報もたくさんある。イタリア語訳本には登場する料理が説明つきで紹介される。フェイジョアーダ、サラブーリョ、ミーガス、アソルダ、サルガリェータ等々で、アレンテージョのものが多い。またレストランについても市電の停留所のそばのカジミーロの営む店、アレンテージョ会館、海浜駅(アルカンタラ・デ・マーレ駅と思われる)の際の詩人と食事をする店などが出てくる。

このほかリスボンの新聞や週刊誌も出てくるし、ベン・フィカがレアル・マドリッドに勝ったというサッカーの話も出てくる。『レクイエム』はペソアへのレクイエムであることは当然だが、リスボン、ポルトガル案内になっていることは間違いない。

アントニオ・タブッキは一九四三年四月生まれで、長らくシエナ大学でポルトガル語、文学を教え、小説家と呼ばれるより、大学教授と呼ばれることを好んだという。一九六〇年代パリのソルボンヌ大学時代ペソアを知り、ペソア研究家、紹介者となった。一九八四年の『インド夜想曲』以来多作であったところ、一九九一年に『レクイエム』を、九四年には『ペソアの最後の三日間』を出し、同年『供述によるとペレイラは』を発表し、スーパー・カンピエッロ賞、スカンノ賞、ジャン・モネ賞を受賞し、タブッキの評価は一層高まることになった。最近では毎年ノーベル賞の候補者となっていた。

奥さんのポルトガル人マリア・ジョゼ・デ・ランカストレもペソアの研究者で、またペソアの著作のイタリア語への翻訳は夫婦で行っている。タブッキ夫妻は一年の三分の一をポルトガルで、三分の一をパリなどで、残りの三分の一をイタリアで過ごす生活スタイルを長らく続けていた。残念なことにタブッキは二〇一二年三月リスボンで死去した。

さて、ポルトガル旅行、リスボンへの旅を考えるに、やや古いがペソアを持っていくか、それともサラマゴがいいか、タブッキがいいか、持っていく本によってポルトガルやリスボンの印象が変わるかも知れない。

（引用は『レクイエム』から）

第二章　懐かしのポルトガルへ

第二次世界大戦が終わり、一九四七（昭和二二）年には貿易が再開されたものの、日本人の海外渡航は厳しく制限されていた。海外の情報は乏しく、我々が戦争をしている間に、そして戦後に世界はどう変わったか多くの人々が知りたいと願っていた。ようやく独立を回復すると多くの人々が外国に出かけて行った。ここに紹介するのは戦後まもなくで交通事情も悪かったころに遠路はるばるポルトガルまで足を運んだ文人たちである。彼らのお陰で、懐かしいポルトガルへの感情が戦後に復活した。

1

大宅壮一もそのような人々の一人で、一九五四（昭和二九）年六月から翌年一月まで中近東、ヨーロッパ、アフリカ、ブラジル、中南米、アメリカを回る大旅行を行っており、その際ポルトガルに行っている。帰国後に書いた『世界の裏街道を行く──中近東・ヨーロッパ編』の中に「ブラジルの故郷・ポルトガル」という紀行文が載っている。

大宅はマドリッドからリスボンに入る。「大きな川の上に出たかと思うと赤い屋根の波が見えた」と今と変わらない景色を語る。もっともひと休みしてから公使館（当時はまだ公使館、大使館になったのは一九五八年、昭和三三年）に行くが、「公使館は飛行場に近い新開地にある。ポルトガルが第二次世界大戦でもうけた金でこの新市街地を作ったのである」と当時の事情を調べている。もっともリスボンの街の発展はさらに続き、大宅の訪問から四五年後に開かれたリスボン万博のお陰で、川沿いの倉庫群が万博会場となり、周辺が整備され、オリエンテ駅もでき、二一世紀はじめの一〇年で飛行場よりも遠い地域が開発され、市街化地域が一回りも二回りも広がったと我々が大宅に報告しなくてはいけない。

次に、スペインとポルトガルの関係を述べる。「隣国と言うのは、たいていどこでも仲が悪いものであるが、スペインとポルトガルはその例外である」と言いつつ、両国の間に「最近ゴア、オリヴェンサ問題」が生じていると紹介する。ゴア問題のゴアは言うまでもなく、ポルトガルが東進して、インドに設けた植民地ゴアのことで、「ポルトガルは、スペインとの間にイベリア協定を結び、相互の軍事協力を約束している関係上、ゴア問題についてスペインの援助を求めているが、スペインとしては、イベリア半島外の紛争に介入することを望まない」という微妙な問題を指す。当時リスボンの街にはゴアを守れというポスターが至る所に張り出されていたという。もうひとつのオリヴェンサ問題とは「両国の境にあるオリヴェンサは、もともとポルトガル領であったが、一八〇一年スペインに奪われたもので、ポルトガルとしてはこれは返してもらいたいのである。イギリスに向かってジブラルタルの返還を要求しているスペインは、同じような要求を隣国から受けている」

と解説している。オリヴェンサはスペインのバダボス県の西側に位置し、ポルトガルのエヴォラの東、エルヴァスの南の小さな町で、ポルトガルの地図では国境線が途切れているものが多くある。いずれにせよ大宅はゴア、オリヴェンサ問題はあるが、両国は「背中のくっついている双生児みたいなもので」、「この程度うまくいっているのは珍しいと言ってよい」との判断を示している。

さらに「スペインとポルトガルは、似ている点も多いが、ちがっている点も多い」と述べ、似ている点は「第二次世界大戦には、スペインは枢軸国側に、ポルトガルは連合国側に参戦するようしきりにすすめられたが、どちらも中立を守り続けた。又形の上ではどっちも独裁国ということになっている」をあげ、ちがっている点は「スペインはフランコ将軍が憲法を改正して終身国家主席となっているのに反し、ポルトガルの大統領は選挙によって選ばれている」と指摘している。

「現在、ポルトガルは政治的にも財政的にもすっかり安定し、東京都ぐらいの人口しか持たぬ小国ではあるが、此の国の貨幣エスクードは、アメリカのドルやスイスのフランと並んで健全通貨として知られている」、「それが今のように立ち直ったのは、現首相アントニオ・オリベイラ・サラザール博士の力である」、「ポルトガルが戦争に巻き込まれなかったのも、博士の正しい判断と処置のお陰である」として、戦争に巻き込まれないためのタングステンの輸出禁止、全鉱区の閉鎖を紹介し、「日本の政治家にはちょっと真似られない英断である」、「ラテン系の国家では、こういう優秀な人物さえ出れば、独裁制の方がずっとうまくいくようである」とサラザールを褒めている。戦争、敗戦、戦後にわたる日本の困難を見てきた大宅の率直な感想であろうか。

料理については「銀座裏のようなところのレストランに入ってカニを注文した。北海道の毛ガニに似たのを持ってきた。小さなマナ板と小槌が付いている」と今日とそっくりな描写がある。大宅は銀座裏と言うが、おそらくバイシャ地区であろう。私たちも赴任して間もなくのウィークエンドにバイシャに行き、二、三あるシーフード・レストランのひとつに入り、カニを食べた。味が濃く、美味だったのを覚えている。マナ板と小槌も懐かしい。私たちの子供たちが来たときにも同じレストランに連れていって、カニを楽しんだ記憶がある。

そのほか、代理公使に招かれ、「旧市街の石畳みを敷いた狭い道を通って」、ファド・ハウスに行き、大きなエビやヒラメをいただくが、「サービスの間に次々に歌をうたう。すべてポルトガルの民謡である」とファドを聞いている。ひょっとしたらアマリア・ロドリゲスのファドだったかもしれない。

またリスボンから遠く一三〇キロ離れたところのファティマの少女三人が聖母マリアに出会ったという奇跡の話が紹介されたり、最後の王マノエルが退位させられるまでいたマフラ城には王が使った家具調度がそのまま残されているなどと書いている。

社会生活ぶりについても鋭い観察がなされ、「リスボンは物価が安く、民衆の生活は安定しているが、きわめて質素である」、「まだテレビもない」と戦後の貧しさの中でテレビ放送の始まった日本との比較が述べられる。さらにポルトガル人は「背が低く、色も黒くて、どことなく貧弱で、田舎くさい」、「とにかくリスボンには坂が多い。中にはひどく険しいのがあって、電車のケーブル式でないと登れない」、「道路は、どこへ行っても石がしいてある」、「実によく石を愛し、石を上手に使う国民だと思った」、「大通りにはカフェーが多く、どのカフェーも歩道にたくさんの椅子をならべている」とかなり細かく述べている。

『世界の裏街道を行く』のポルトガル紀行文では、大宅の得意とする社会観察が十分に行われている。しかも一九五四（昭和二九）年という時期に旅行し、書いているという意味で今から六〇年前のポルトガルを知る貴重な紀行文である。

大宅壮一と言えば希代の名言「一億総白痴化」で有名である。昭和三一年秋神宮球場の早慶戦で、早稲田の応援席に現れた男が突然慶応の応援を行い、すばやく姿を消したという珍事が起きた。その夜これはテレビの人気番組の企画だったことが発覚し、大宅は翌年二月「テレビに至っては、紙芝居、否、紙芝居以下の白痴組が毎日ずらりと並んでいる。ラジオ、テレビという最も進んだマスコミ機関によって『一億白痴化』運動が展開されていると言って好い」と書いた。戦中の「一億玉砕」、戦後の「一億総懺悔」などの連鎖か、大宅の「一億総白痴化」（「総」がつく）はテレビが始まり、庶民の家にも広まりだした当時の流行語になった。テレビというメディアは非常に低俗なものであり、テレビばかり見ていると、人間の想像力や思考力を低下させてしまうという意味合いであったので、これだけテレビが普及した今日では使われなくなったとも言われるが、テレビは日本人をバカにしたかという本も最近出ているそうである。蛇足になるが、大宅は造語の大家で、戦後強くなった女性に絡んで「恐妻」、各県に設けられた国立大学を指す「駅弁大学」、石原慎太郎の『太陽の季節』のような格好、生き方をするものを「太陽族」と命名するなど多数ある。

2

志賀直哉は大宅より二年も早く、一九五二（昭和二七）年、日本の独立回復の年にヨーロッパを旅行した際リスボンに寄っている。日本の家族あてに出した手紙のような『ヨーロッパ旅行』が残されている。そのなかに社会観察的なところがある。「ポルトガルは今度の戦争に巻き込まれず、金が沢山入ったとかで国民一般の生活も向上し、郊外に大きなアパートが軒をつらねて出来つつある」と言いつつも、「リスボンの風俗は野暮で何所か田舎田舎している。女の着物などケバケバしくなく、大体黒いものを着ている」、「広場があってその真中に大きな彫刻があり、噴水が出ていて、街には街路樹が繁り、その下には木や金の椅子を沢山出したカフェがある」と第二次世界大戦前の昔とあまり変わっていない、ほっとしたという雰囲気が出ている。実に日本社会は戦前、戦中、戦後に急速に変わったから、変わらぬポルトガルに懐かしさを感じるのだろう。そして我々にとって実はポルトガルの懐かしさは今も続いている。

『世界紀行文学全集』は一九七二（昭和四七）年に刊行され、その第四巻にはイギリス、スペイン、ポルトガル紀行が集められている。大宅の「ブラジルの故郷・ポルトガル」や志賀の「リスボンにて」（一九五二〈昭和二七〉年に書かれた『ヨーロッパ旅行』のポルトガル部分のみ）が収められているが、他の二文はなんと一九二七（昭和二）年に書かれた木下杢太郎の『コインブラ』と一九三一（昭和六）年に書かれた市川晴子の『リスボン行』であり、ポルトガルはさして昔と変わっていない、少々生活水準が向上したぐらいだと二十数年ぶりの情報が大宅と志賀によって日本に伝えられたことが分かる。

3

一九五二（昭和二七）年に日本を飛び出し、世界を一周してきた文人に三島由紀夫がいる。その三島は三度目の一九六一（昭和三六）年からの世界周遊でポルトガルを訪れている。志賀直哉や大宅壮一に比べると、ずっと若い三島は昭和二〇年代から戦後文学の旗手として脚光を浴びていた。そんな三島が多作であることは知られていても、海外旅行に精力的に出かけていることはあまり知られていない。

一九四九（昭和二四）年に『仮面の告白』を書き、文壇に華々しくデビュー、五〇（昭和二五）年には『愛の渇き』、『青の時代』を出した三島は五一（昭和二六）年一二月から翌年五月まで約半年で、ハワイ、サンフランシスコ、ロサンゼルス、ニューヨーク、マイアミ、サン・フアン、リオ・デ・ジャネイロ、サン・パウロ、ジュネーブ、パリ、ロンドン、アテネ、ローマを回っている。次に、三島は五四（昭和二九）年に『潮騒』、五六（昭和三一）年に『金閣寺』、五七（昭和三二）年に『美徳のよろめき』を出すと、二度目の海外旅行に五七年七月から翌年一月まで半年かけてハワイ、ニューヨーク、プエルトリコ、メキシコシティ、ニューオリンズ、マドリッド、ローマを回っている。ニューヨークでは三島が書き、ドナルド・キーンが英訳した『近代能楽集』のブロードウェイ上演の交渉をしたが、結局うまくいかなかった。

一九五八（昭和三三）年に杉山瑤子と結婚、五九年には『鏡子の家』、六〇年に『宴のあと』、六一年に『憂国』、『獣の戯れ』を出し、いよいよ三度目になる海外旅行に夫人同伴で出かけ、六一年一一月から翌年一月までの三カ月で、ハワイ、サンフランシスコ、ロサンゼルス、ニューヨーク、リスボン、マドリッド、パリ、ロンドンを経て、年末をドイツ、新年をローマで過ごし、ボローニャ、ベニス、ミラノ、アテネ、カイロを回ってきた。三島は『ポルトガルの思ひ出』（『アサヒカメラ』掲載）と『南蛮趣味のふるさと—ポルトガルの首都リスボン』（『婦人生活』掲載）の短い二文を書いている。志賀や大宅同様、リスボンの街をよく観察している。

「ポルトガルの首都リスボンにはたった二日間しかゐなかった」が、「何と美しい街だろう！　あの冬のきらめくばかりの日光と、美しい公園と、家々を飾るタイル細工と、モザイクの歩道とは、ありありと目に残っている」、「曲がりくねった古い街路の繊細な鐵細工のバルコニイに、あふれる花の木の植木鉢、そこにひるがえる洗濯物のまばゆい白さ、洩れてくる明るい民謡など、ラテン系の街の美しい特色を、落ちこぼれなく備えているのがこの町だ」と三島の訪問から六〇年以上も後のリスボンを見る我々もうなずく描写である。

ところで後年の自決などはもちろん胸中になかったのであろうし、夫人同伴の旅行のおかげか、三島は「隠居するならリスボンに限ると思った」と述べている。三島がリスボンでの隠居を述べるとは、我々にとって大きな驚きである。最近のポルトガルにはシルバー組在留邦人が増え続け、大使館ではシルバー組の方々が日本の年金をもらえるようポルトガル在留証明を出すのに忙しい。三島が知ったら、どんな反応を見せてくれるのだろうか。

なお、三島は父の希望もあって大蔵省（現在の財務省と金融庁）に一九四七（昭和二二）年一二月入ったが、翌年九月に辞職し、作家の道を進んだ。一方、三島の弟の平岡千之は外交官の道を歩み、一九九一（平成三）年から九三年までポルトガル大使を務めている。どういう廻りあわせなのだろう。一九九六（平成八）年に亡くなられているので、二〇〇二年からポルトガル大使に就任した私は、千之からポルトガルについて御教示してもらうことは適わなかった。

大宅、志賀、三島らがポルトガルまで行ってくれたので、これらの紀行文によって戦後期のポルトガル事情を知り、ポルトガルに対する変わらぬ懐かしさを感じる、サウダーデを感じることが今日まで続くことになった。

（引用は『世界の裏街道を行く―中近東・ヨーロッパ編』、『ヨーロッパ旅行』、『ポルトガルの思ひ出』、『南蛮趣味のふるさと―ポルトガルの首都リスボン』から）

第三章　コスタは石井にモラエスのことを話した

ポルトガル人と親しくなると、「自分は日本のことをモラエスから学んでいる」とか、「日本人はモラエスをよく知っているか」という問いを発せられることが多い。二〇〇四年はモラエス生誕一五〇周年でいろいろなモラエス行事があり、モラエスが妹へ出した絵葉書をはじめとする関係する品々の展示会が開かれたり、お茶席が設けられたり、講演会も数多く開かれた。私もモラエスが最晩年に書いた「アルマ・ジャポネーゼ（日本精神）」についてポルトガルで講演したことがある。

1

モラエスは日本ではポルトガル関係者、徳島や神戸の関係者などに知られているが、ラフカディオ・ハーンに比べ知名度は低いかもしれない。まずモラエス紹介から始めよう。

ヴェンセスラウ・ジョゼ・デ・ソーザ・デ・モラエスは一八五四（安政元）年リスボン生まれのポルトガル人である。海軍兵学校を卒業後、一八七五（明治八）年海軍に仕官し、一〇年程度のアフリカ勤務を経て、一八八八（明治二一）年中国のマカオに赴任してきた。マカオは当時ポルトガルの東アジアの拠点であった。翌八九年初めて日本へポルトガル軍艦の副官として来ている。その後、マカオ総督兼日本公使のわが国への信任状奉呈の随員などとして二度日本を訪問したほか、マカオ駐在の海軍武官としてモラエスはポルトガル領チモールの治安が不安定となったので武器などを買い求めて日本を訪れるようになった。日本に魅了され、すでにマカオ勤務中に『大日本』を著していた（リスボンでの出版は一八九七年）。

マカオでは港務副司令官を務めていたが、彼より若年のものが司令官となったので、退官し日本に移り住むことを考えていたところ、故国ポルトガルのモラエスをよく知る者たちが神戸領事のポストを設けるよう運動をおこした。ポルトガル財政が窮迫していた（第四章で詳説する）こともあって、かなり時間がかかったが、ようやく一八九八年末領事館の設置が決められ、一八九九（明治三二）年九月に正式に発令された。

領事として勤務に励んでいたころの一九〇三年大阪で第五回内国勧業博覧会が開かれ、ポルトガル物産を展示させることに成功した。またモラエスは日清、日露戦争で勝利した日本の政治外交から文芸、風景、社会などについてポルトガルの有力紙コメルシオ・ド・ポルトに寄稿し、本国では作家としても成功を収めた。これはのちに『カルタシュ・ド・ジャパンヲ（日本通信）』全六冊としてまとめられている。次いで『茶の湯』（一九〇五年）、『シナ・日本風物誌』（一九〇六年）などを出版する。実は日本に移り住んですぐの一九〇一年ごろ、大阪松島の美しい芸者おヨネ（福本ヨネ）に出会い、同棲を始めていた。

一九一〇（明治四三）年にポルトガルに共和革命が起こり、ポルトガル国内が不安定となり、加えてポルトガルの財政金融の逼迫が神戸の領事館にまで及び、一方でおヨネが一九一二年には病没してしまったことや、モラエス自身の生来の神経症の悪化もあって、一九一三（大正二）年七月突如神戸領事を辞任し、軍籍を離脱し、年金、保険などポルトガル軍人としてのすべての権利を放棄して、おヨネの郷里である徳島に隠棲することとした。徳島では『徳島の盆踊り』（一九一六年）、『おヨネとコハル』（一九二三年）、『日本歴史』（一九二四年）、『日本夜話』『日本精神』（一九二六年）などを著している。

モラエスの作品で一番最初に翻訳された『日本精神』は、彼の七回忌の記念出版であった。『日本精神』は日本の習慣や愛や死、日本人の心のさまざまな秘密を書いてほしいというポルトガルの出版社からの依頼がきっかけで書き始めたようだ。日本人の没個性を述べ、日本人の生活、日本の家族のあり方を説明している。もとより没個性は自然界の普遍原理のひとつと肯定的にとらえている。

徳島に到着したてのころ「ワタシノ　カラダヲ　トクシマデ　ヤイテクダサイ」との遺書を書いて、徳島暮らしを始めている。おヨネの姪である斎藤コハルと同棲するが、一、三年で病気のためコハルにも先立たれる。いくら日本が好きでも当時の地方都市の徳島での生活は西洋人には必ずしも楽ではなかっただろう。それでも全くの孤独であったものの、周囲の人々と同じ日本風の生活をしていたという。

二〇一三（平成二五）年はモラエスの入徳一〇〇年で、徳島では多彩な行事が続けられた。徳島生まれの私の友人は、祖母からその昔街の中をのっしのっしと歩く背の高い怖いポルトガル人が近所に住んでいたという話をよく聞かされたという。最晩年のころ日本でも有名になり始めたモラエスは新聞記者などに追いかけられることがあって、マスコミを強く嫌ったという。時代が次第に戦争の方向へ向かう厳しい風潮の中でスパイの嫌疑をかけられたり、西洋乞食とさげすまれることもあったという。滞日三一年、一九二九（昭和四）年七月享年七五、徳島市で没した。

2

ポルトガルの文人モラエスが徳島に隠棲していることを日本の新聞が報じはじめたのは大正末から昭和初めのことだった。徳島生まれの文人佃実男によると、東京外国語専門学校（現在の東京外国語大学）の安部六郎がその師ピント博士の示唆を受けて、徳島にモラエスを訪ねたのは、大正一二年八月である。そして安部がポルトガル語で書いた『モラエス訪問記』がリスボンの文芸雑誌『ルジタニア』に載ったのは一九二四（大正一三）年であった。その後東京日日新聞はモラエスを「知られざる日本理解者」として紹介したのであった。

さて佃は一九二六年ジュネーブで開かれた国際連盟の会議の席で、駐仏大使石井菊次郎子爵はポルトガル代表のコスタ氏から、モラエスがポルトガルではたいへん有名となっており、日本の徳島に住んでいると教えられ、石井がその事実を日本のマスコミに話した旨を紹介している（佃実男『わがモラエス記』）。たいへん面白いエピソードであるもののやや正確でないと思われるところもあるので、事実関係をたどってみよう。

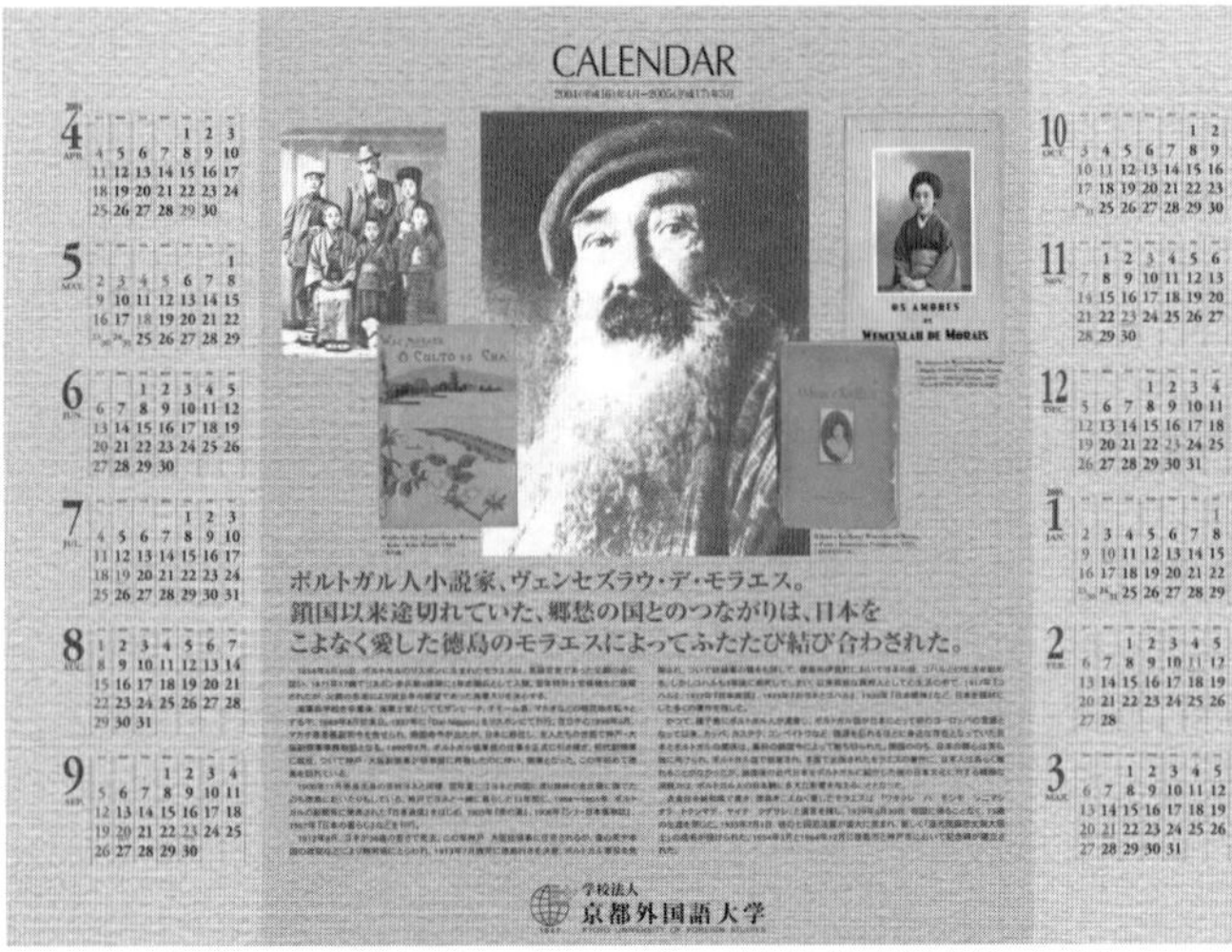
CALENDAR
ポルトガル人小説家、ヴェンセズラウ・デ・モラエス。
鎖国以来途切れていた、郷愁の国とのつながりは、日本を
こよなく愛した徳島のモラエスによってふたたび結び合わされた。
OS AMORES DE WENCESLAU DE MORAES
学校法人
京都外国語大学
モラエス生誕150周年記念のカレンダー（京都外国語大学 作成）

まず石井菊次郎という日本の戦前の外交を背負った第一人者のことである。石井は一八六六（慶応二）年生まれで、東京帝国大学を卒業後、外交官の道に進み、通商局長、外務次官、駐仏大使を歴任後、一九一五年（大正四）第二次大隈内閣の外相に就任、日露協約の締結に尽力した。一七年アメリカ特派大使として石井・ランシング協定を結ぶ。第一次世界大戦の講和会議であるヴェルサイユ会議に日本代表団の一員として参加し、二〇年以降再度の駐仏大使をへて、ジュネーブで国際連盟日本代表、同総会副議長、同理事会議長などを務め、二七（昭和二）年退官。以後二九〜四五（昭和四〜二〇）年の間に枢密顧問官を務めるなど我が国外交界の長老として重きをなした者である。

　コスタ氏とはアフォンソ・アウグスト・ダ・コスタ氏のことで、ポルトガルの共和革命後の混乱時期に三度も首相を務めた者である。後の独裁者シドニオ・パイスがクーデターを起こしたため、

コスタはパリに根拠地を求めた。パイスが翌年暗殺されると、コスタは何度も首相になるよう説得されたものの、国には戻らなかった。そんなコスタはヴェルサイユ講和会議や国際連盟にポルトガルを代表して臨んでいる。石井とコスタは国際連盟を軸にすでによく知りあっていた仲と思われる。（佃のいうゴメス・ダ・コスタ氏は別人。）

さて、一九二六（大正一五）年ジュネーブで開かれた国際連盟の特別会の総会議長がポルトガルのアフォンソ・コスタで、六人いた副議長の一人で理事会議長が石井菊次郎だった。この特別会は実に重要な会議だった。一九二五年ドイツのシュトレーゼマン外相の提唱により、イギリス、フランス、イタリア、ベルギー、ドイツの間にロカルノ条約が締結されると、ドイツは国際連盟加入が認められた。それに伴いドイツが常任理事国になることは、既常任理事国（イギリス・フランス・イタリア・日本）には当然のことと受けとめられた。ところが、ドイツに対抗して、スペイン、ブラジル、ベルギー、ポーランドも常任理事国を要求した。一九二六年三月四日から理事会が開催され、三月八日からは臨時総会が開催されたが、理事会、総会とも議事は紛糾した。最終的にはドイツは理事会入りを果たしたものの、他の国々は認められなかった。スペイン、ブラジルは国際連盟を脱会してしまった。

エポック・メーキングな会議、事件だったことであるだけでなく、戦間期の国際社会に残した傷は大きかった。このような緊張を強いられる折衝の中で石井とコスタはその役回りを心得て、各国と複雑な交渉をしており、交渉の進め方について議長団全員であるいはふと二人だけで協議を行っていたと思われる。おそらくそんな中で、コスタ氏から石井にモラエスの話が出たと想像してみるのも面白い。

3

モラエスとラフカディオ・ハーンはよく比較される。

ラフカディオ・ハーンはモラエスの来日に一年遅れて一八九〇（明治二三）年日本に到着した。歳はハーンのほうが四歳上だった。アメリカで知り合った服部一三（当時文部省学務局長）の斡旋により松江中学校と島根県師範学校の英語教師となった。翌年一一月には熊本の旧制第五高等学校の英語教師となる。その後九四年入社の神戸のジャパンクロニクル社をへて、九六年には東京帝国大学文科大学の講師に就任し、そのポストを夏目漱石に引き継ぐ一九〇三年まで務め、翌〇四（明治三七）年五四歳で東京で没した。

松江に行った翌年には松江の士族小泉湊の娘、小泉節子と結婚し、東京に戻った年には日本に帰化している。ハーンが日本を愛し、多くの知識階級の人々と交流があったことは高く評価されている。モラエスもすでに述べたように海軍、外交官という公的世界を長く務め、日本を愛し、徳島に隠棲し、日本を鋭く観察してきた。外国人の書いた数多くの日本論、日本人論のなかでハーンやモラエスが際立った存在だったことはいうまでもない。

ハーンが英語で発表した作品は同時代の日本では知られず、本格的に日本語に翻訳・紹介されたのは大正末期からであり、モラエスもすでにみたように名が知られるようになったのは大正末、昭和初めであり、ポルトガル語から翻訳がなされるようになったのはその死後であった。

昭和の初め、ハーンやモラエスが盛んにマスコミに取り上げられ、報道されたのはハーンが天皇制を肯定していたことやモラエスが恩賜のたばこや御歌の色紙などを大切にしていたといったことで、当時の時代風潮を一層強めることに使われたということだろう。モラエス自身はそのようなマスコミを嫌っていたということであったが、国際協調派でマスコミにモラエスのことを話した石井自身もマスコミのモラエスの取り上げ方には心穏やかでなかったのではないだろうか。

モラエスとハーンは似た点も多いが、モラエスはハーンより長生きしたので、大正、昭和初年まで日本をよく観察することができた。モラエスを変わった西洋人の日本崇拝者とする見方は間違っていると思われる。ロシアが満州を影響下に置いたころ、日本はアメリカと組んで、満州の門戸開放を主張した一方、日露戦争後はロシアと共同して満州の権益を確保することとなったことをモラエスはよく承知して、「日米両国は近い将来、恐るべき競争相手となり対決するはずだ。広大な中国大陸は貿易拡大を狙うアメリカが切実に欲しがる地域であり、同様に日本にとってもこの地域は国の発展になくてはならないものになっている。この地域で日米が並び立つことはできず、一方が他方から暴力的手段によって殲滅させられるかもしれない」との予測を祖国の新聞に伝えている(『日本通信』)。

第四章　モラエスの赴任が遅れた本当のわけ

ポルトガルの文人ヴェンセスラウ・デ・モラエスがマカオから日本に移り住むことを考えていたところ、在神戸ポルトガル領事館がなかなか開設されず、長らく待たされていた。ポルトガルの財政事情のためと我々は知っている。ところが少し調べてみると、それだけにとどまらず、日本とポルトガルなどの国々との不平等条約の改正問題、ポルトガルの巻き込まれた国際金融問題があったことがわかった。これらを解明してみよう。

1

幕末に結んだ不平等条約を改定することは明治前半の日本外交にとって最大の目標だった。日本が諸外国に対して領事裁判権を与え、関税自主権をもたないことはたいへん不利なことで、対等の条約関係を結ぶことが目指された。このため明治初めの岩倉使節団による取組み以来二〇年以上におよぶ努力が続けられた。その初期は日本側における知識、経験、力量の不足があって遅々として進まなかったものの、井上馨、大隈重信らによる交渉を経て第二次伊藤博文内閣、陸奥宗光外相により条約は改定された。

その長い交渉の中で最近注目されているのが一八九二（明治二五）年の「ポルトガル領事裁判権廃棄事件」である。一八九一（明治二四）年五月から翌年七月まで松方正義内閣が成立し、外務大臣には榎本武揚が就いた。それ以前の交渉でイギリスは泰西的諸法典の公布、施行が条約改正の前提との態度だったので、松方は表面上は条約改正を進めないとしていたが、榎本はもとより交渉再開のきっかけをつかもうとしていた。一八九二年一月にはポルトガルが総領事館を引き払うとの情報があり、榎本は領事裁判権の観点から再考するよう、ポルトガル政府へ勧告することとなった。

どうしてそのような対応を榎本がとったのか、少し説明が必要だろう。そもそも幕末の条約によりイギリス人をはじめ条約締結国の国民は開港開市された都市に設けられた居留地に住む（居留地以外には住めない）、旅行も一定の距離の範囲内とするとしたうえで、日本人に罪を犯した外国人はその国の領事がその国の法律によって裁く、日本人が外国人に罪を犯したときは日本の裁判所で裁く、債権債務については外国人が被告の時はその国の領事裁判で、日本人が被告の時は日本の裁判所で裁判をするということとなっていた。しかし実際は日本人に不利な場合が多く、国民の間に不満が多かった。例えば、イギリスの領事裁判に日本人が不服の時は上海のイギリス高等裁判所に訴えなければならないし、さらに上級の裁判を求める場合はロンドンまで行かなければならないという仕組みで、日本人には控訴の途が奪われていた。

一方、ポルトガルは日本で領事裁判を執行してきたが、専任の領事でなく名誉領事によって行ってきた。名誉領事は第三国の商人の場合が多く、商人領事であるために提訴した日本の商人が不利に扱われるという不満が日本側に強かった。そこで日本政府から要請し、ポルトガルは一八八三(明治一六)年には東京の二等領事館に専任領事を配置した。しかし東京以外の裁判権の問題が起こり、一八八七（明治二〇）年には東京の一等領事館を日本総領事館として日本全国を管轄させ、専任領事を置くこととなった。

つまり一八九二（明治二五）年一月の時点で榎本外相は条約改正交渉の再開を探る一方で、ポルトガルが領事館を降格し、商人領事を置くことを図っているのではないかと心配していたわけだ。そこで何度かのやり取りのあと野村靖駐フランス兼ポルトガル公使から外交官専任領事の継続の要請をしたが、ポルトガルは同年四月に至っても確答を先送りしていた。そして五月になり、突然前年一一月にポルトガルが勅令を発し、東京の総領事館を廃止とし、専任領事には帰国命令が出されたと伝えてきた。

この通知を受けた榎本外相はこれをポルトガル政府による領事裁判権の廃棄とみなし、その旨ポルトガル側へ伝えたが、ポルトガルからの返答はなかった。約一カ月のちの七月一四日松方首相、榎本外相、河野敏鎌法相の連名で「万延元年六月一七日葡国政府と締結したる条約中領事裁判権に関する条款は自今無効へ帰したるものとす」との勅令が出された。

最近の研究者の間ではポルトガルの官制改革に伴う外交官専任領事廃止問題を利用して、条約改正を経ることなく領事裁判権を撤廃する勅令施行に平和裏にこぎつけたこと、そしてこの対応が次の陸奥外相の不平等条約改正交渉のスターティング・ポイントになったことを高く評価する傾向であるという。

ポルトガルやこれに同調する国々から抗議もあったが、実際の推移を見守っていた列国外交官の間では日本の断固とした方針、外交交渉技術などから条約改正交渉上日本の立場が強化されたとみられていたようである。

2

領事裁判権問題が起こった当時の国際経済情勢はどうだったのだろうか。一八九二（明治二五）年二月二〇日付けの野村靖ポルトガル公使からの報告「去ル一月十六日就職セシ葡国新内閣ハ同月三十日ヲ以テ財政ノ実況ニ関スル説明書ヲ国会ニ提出セシガ、其ノ結果ハ該国ガ倒産ノ位置ニ陥リタル事ヲ公然宣言シタルト異ナルコトナシ」により日本政府はポルトガルの財政金融状況のただならぬことを知っていた。（この報告は伊藤博文が手元に届けられた書類を分類整理した「秘密類纂」の外交編にある。）東京の総領事館の廃止はポルトガル財政の窮迫によりとられたもので、日本側はすぐには回復させることができないと踏んでいたと思われる。

実際ポルトガルの状況は厳しかった。ポルトガル自体の財政赤字の問題だけでもたいへんなのに、それだけでなく一八九〇～九二（明治二三～二五）年にかけて国際金融危機が発生し、その中にポルトガルも飲み込まれてしまっていた。

一九世紀後半の国際経済、金融情勢をまず見よう。この時期になると北アメリカや南アメリカの経済が発展し、南北アメリカの生産物はイギリスを含む欧州に輸出され、鉄道やインフラ建設のための資金はイギリスや他の欧州諸国が貸出していた。当時英国国債（コンソル）の利回りが低下していたので、イギリスの地主などの富裕層や金融セクターは、高金利を求めて海外証券投資を活発化した。そのなかでアルゼンチンの銀行が発行する高利回りの土地抵当債券（セデュラ）が人気を博した。仲介役を果たしたのは、ロスチャイルドやベアリング・ブラザーズといったマーチャント・バンク（現在の投資銀行）だった。ベアリング・ブラザーズは、ポンド建てアルゼンチン債の販売をロンドンで手がけていた。

英国の資金に依存した経済運営をしていたアルゼンチンは、巨額の外資流入でバブル的なブームに沸いたが、その後バブルが弾け、外債返済額が輸出額の六割に達してしまった。そのような状況の中、一八八九年にアルゼンチンの公共事業債の新規発行に失敗したベアリング・ブラザーズは、アルゼンチン債の在庫を大量に抱え、一八九〇年には流動性不足から資金繰り倒産の危機に瀕した。このベアリング危機をきっかけに英国金融市場はパニックとなった。

一方、ポルトガルも一九世紀前半の内乱時代を終え、一八五一年以降二大政党による政治が行なわれ、経済成長の時代に入り、国際収支の赤字や財政収支の不足を補てんするポルトガル国債も同じくイギリスによりファイナンスされていた。ポルトガル王国御用達銀行が他ならぬベアリング・ブラザーズだった。（イギリス王室の御用達銀行もベアリング・ブラザーズだった。）

もう少し詳しく見ることとしよう。ポルトガルは一八八〇年代末には国際収支が不調だった。輸出は伸び悩み、輸入は逐年増加し、ブラジルからの家族送金は大幅に減ってしまったからであった。一八八八（明治二一）年にブラジルの奴隷制が廃止され、翌八九年にはペドロ二世皇帝が廃位され、ポルトガルは特別の関係にあったブラジルの共和革命という心理的ストレスを負うとともにブラジルで働くポルトガル人たちからの家族送金が一八九〇（明治二三）年で前年比二〇％減、九一年で同四〇％減と混乱のなか減少してしまい、そのためポルトガルの国際収支まで不調になってしまったのだった。

それだけではない。一九世紀後半、ポルトガルでも税収を増額することが難しく、毎年国債収入に頼ってきたところ、GDPに対する国債残高の割合が一八五〇年代の四〇％程度から八〇年代末には八〇％にまで達してしまった。また植民地政策の対立から一八九〇年一月にザンビア、マラウイ、ジンバブエに駐留していたポルトガル軍の即日撤退要求がイギリスによりなされ、これにポルトガルが屈せざるをえなかったことから世情が著しく混乱していた当時の事情もあわせ考えておく方がいいだろう。

そのような状況の積み重なりのなか、一八九〇年一〇月に成立したジョアン・クリソストモ内閣、アゴスト・ジョゼ・ダ・クウニャ財務大臣は頼みとするベアリング・ブラザーズが危機に陥り、一八九一（明治二四）年一月から四月までの間にポルトガルの金準備が半減してしまったため、同年五月にポルトガルの金本位制離脱を決定した。これにより一九〇二（明治三五）年に金本位制に復帰するまでポルトガルは国際金融市場で国債を発行できなくなってしまった。

一八九二（明治二五）年一月ジョゼ・ディアス・フェレイラ内閣が成立し、財務大臣にオリベイラ・マルティンスが就任した。フェレイラとマルティンスはこれまでにない政策を実行する考えに立ち、一月三〇日国会演説で国債に支払う財源がないので、外国国債の元本と利子は半減させ、外貨ではなく、ポルトガル・レアル貨で支払う、内国国債には三割課税を行うなどを明らかにした。つまり今日でいう国債のデフォルトを宣言したのだった。これが先に見た野村公使からの電報で報告された内容であった。

外国投資家はポルトガル税関を国際管理して、元利を支払わせることを要求し、ドイツはリスボンへ軍艦を派遣することを提案するにいたった。(そのころ起きたメキシコやエジプト国債のデフォルトの際イギリス、フランスは軍隊を派遣した。)最終的にはポルトガル政府は外国国債の利子は三分の一にするが金貨で支払うなどと変更したが、その時点ではポルトガルの外国国債の市場価値は二割から三割の水準にまで減価していた。

ポルトガルの東京総領事館の廃止、領事裁判権の問題の背景にはポルトガル、ブラジル、アルゼンチン、イギリスおよびベアリング・ブラザーズ、ロンドン金融市場にかかわる広範かつ深刻な危機があったのであった。後章で二一世紀の最近のヨーロッパの金融の混乱、ポルトガルの窮状に触れるが、ポルトガルは実に一三〇年前にもたいへんな金融危機に見舞われていたのだった。

3

第二次伊藤内閣が一八九二(明治二五)年八月に成立し、外相に就任した陸奥宗光も榎本と同じく強硬な態度を貫いた。ポルトガルは一時、在東京フランス代理公使をポルトガル臨時代理公使に任命し、東京総領事館事務を執行させる策を提案してきたが、陸奥は兼任はいいとしても、ポルトガルの領事裁判権は廃棄されたとして、取り合わなかった。

その後陸奥外相はポルトガルに領事裁判権を蒸し返さずに新条約締結の意思があるか、ポルトガル側から新条約を発議する考えがあるか、列国がポルトガル問題の処理にどういう感触を持っているかなど慎重に時間をかけて検討を続けた。一八九三（明治二六）年九月に至りポルトガル側から口上書が出され、ポルトガルと日本との間に締結したる条約を改正することを発議し、また交渉中は領事裁判権を回復することを条件付けていた。陸奥はもちろん領事裁判権について不同意を表明したが、この口上書提出はポルトガル政府から条約改正談判を起こさせるという所期の目的が達成されたことを意味した。ポルトガルの申し出た改正発議が不平等条約改正作業を進展させた。

陸奥外相はすでに一八九三年七月には日英新条約案を閣議に提出しており、九月にはロンドンで青木周蔵駐独公使とフレイザー駐日公使の間で予備折衝が始まっていた。翌一八九四（明治二七）年四月にようやく正式折衝に進み、その後イギリス側の引き延ばし戦術に遭いもしたが、同年七月一六日ロンドンで調印に至った。周知の通り同年八月一日に始まる日清戦争の直前だった。

他の国々とも続々新条約が調印されてゆき、ポルトガルとの新条約は一八九七（明治三〇）年一月にリスボンで調印された。同年ポルトガルは一度廃止された領事館を再び東京に設置した。新条約の下での領事業務が順調に運営されるのを俟って、二年後の一八九九（明治三二）年六月には神戸に領事館を開き、軍人から外交官に転身するため長らく待っていたモラエスはようやく日本へ赴任できることになった。

第五章　サンタ・クルスに住んだ檀一雄

日本に住んだポルトガルの文人モラエスに対して、ポルトガルに興味を持ち、ポルトガルに住み、ポルトガルを大いに紹介した日本の文人がいる。作家の檀一雄である。檀は大西洋に面したポルトガル中部のサンタ・クルスに一軒の家を借り、一〇キロ近い白浜の長汀を歩きまわり、一二月ごろまで泳ぎ、遊んでいたそうだ。一九七〇（昭和四五）年一一月から一九七二年二月まで滞在した。

1

檀の『来る日去る日』はポルトガルの気候から書き始められている。「ポルトガルの春はミモザから始まり、二月半ばから五月の末まで様々な花が輝くように咲き乱れ」る、「おおよそ五月から一一月いっぱいまで飽くことのないポルトガル晴れである、かりに雨が降ったにしてもそれは一瞬にして遠ざか」る、「美しいのは落日とそれに続く夕焼けである」と檀は称賛している。もっとも、海に近い民家の「屋根の朝顔は五月から一〇月まで咲き、その花の色はいつ見ても真っ青」といい、日本の四季を懐かしんでいるところも見られる。

酒は「ダン」を常飲していた。「まるでラジオ、テレビのコマーシャルをでも引き受けてしまったような熱の入れ方」で、この銘柄のワインの「潮の干満のように口中を去来する愉快」を述べている。しかしそれにとどまらず「私のダンとほぼ同音の銘酒ダンと無理心中することによってポルトガルのセニョール、セニョリータたちに私の人と名前をハッキリ印象づけることに成功した」のだったそうだ。この物言いにはなんとも親しみを感じさせる。

文壇きっての料理人である檀はポルトガルでもその腕をふるっている。酒場を営むジョアキンは夏のバカンスシーズンが終わると釣りに精を出し、プロフェッサー・ダンにハバロ（スズキ）やサルゴー（黒鯛）を持って来てくれた。そこで床屋のアンナ・マリア、酒場のアンナ・マリア、茶店のアナ・ベラ、その妹のマリア・カルメンらを呼んで、もちろんジョアキン、漁師のジョゼなどの男衆も加わって、大宴会をやらかすなどして、ポルトガルの片田舎の生活を楽しんでいた。

また檀は賑やかなのが好きだったようで、当時リスボン在住の邦人や日本からの留学生もよく招集されてサンタ・クルスでワイワイガヤガヤ宴会を開いていたともいう。

檀の書いた『美味放浪記』のなかの「海外編」には「初鰹をサカナに飲む銘酒・ダン　ポルトガル」があり、ポルトガル人は酒のサカナにパステージ・ド・バカリャオ（干ダラのコロッケ）を食べている、サンタ・クルスからそれほど遠くないペニシ漁港で買った鰹は高知や枕崎で食べたものよりおいしかったなどと書き連ね、最後に酒はダンがいい、ボルドーやライン、モーゼルなどと匹敵できる素晴らしい葡萄酒と絶賛している。

『来る日去る日』には「短い一生の間に、これほど集約的で、これほど生一本な、友愛をまともに浴びた時期は、ほかにない」と記されている。

2

檀一雄は一九一二（明治四五）年山梨県南都留郡に生まれたが、本籍は福岡県柳川で、もともとは立花藩の普請方をつとめた旧家の出であったという。父親の勤務の関係や両親の離婚により居所を転々とし、家庭環境に恵まれなかった。一六歳で旧制福岡高校に進んだが、二度の停学処分を受けるなど過激で奔放な生活を経て、一九三二（昭和七）年二〇歳で東京大学経済学部に入学し、翌年文壇にデビューした。

太宰治や坂口安吾、檀一雄などは無頼派、破滅派と呼ばれ、したいことをし、大酒を飲み、書きたいことを書いたといわれている。後に檀は『小説 太宰治』では「私の生活と太宰の生活がきわどく折り重なるような異様な交友」を綴り、安吾と妻と愛犬ラモーを一時檀一雄邸にあずかったこともあり、『小説 坂口安吾』では安吾を「豪放磊落に見えながら」、「傷つきやすい」などと表現している。

檀の代表作の一つは『リツ子・その愛』『リツ子・その死』で、もう一つが『火宅の人』と言われている。前者を出版にこぎつけたのは一九五〇（昭和二五）年である。少しさかのぼるが、檀は一九三六（昭和一一）年に召集され、三年四カ月におよぶ軍隊生活ののち、一九四〇（昭和一五）年から二年間満州を放浪し、一九四四（昭和一九）年には陸軍報道班員として中国に渡り、三か月だった従軍期間の延長を願い、岳州、長沙、南嶽、桂林などを訪れていた。その間の昭和一七年高橋律子と結婚したが、一九四六（昭和二一）年には腸結核で律子を失う。師事していた作家の佐藤春夫の弔問の手紙に触発されて、律子をモデルにしたリツ子ものを書いた。後者の『火宅の人』は新劇女優との関係を綴ったものだが、なかなか最終章まで進まず、ポルトガル滞在中も完成させず、完成したのはポルトガルから帰国し、死の床にあって口述筆記した、着稿から二〇年たった一九七五（昭和五〇）年夏のことだった。

檀はひとところにとどまることなく、常にエネルギッシュに動き回っていた。戦後間もなく一九五一（昭和二六）年から五二年にかけて南氷洋に捕鯨船に乗って出かけ、五六年には中国、五八年から五九年にかけて欧米、六四年にはソヴィエト（ロシア）に旅をし、六七年にはオーストラリア、ニュージーランド、七二年にポルトガルから帰国した直後には韓国、台湾に出かけている。その中でポルトガルには一年四カ月も滞在した。実はポルトガル滞在中もスペイン、フランス、イタリア、スイス、オーストリア、ドイツ、スウェーデン、ノルウェー、モロッコに料理の取材で旅しているが、とにかくポルトガルに長く滞在したことは間違いないし、『来る日去る日』には「いや、いや今でもまだ私はポルトガルのサンタ・クルス浜におり、ちょっと、日本の様子をのぞきに来たといった方が実感に近いかもわからない」と檀が欠けていると自覚する帰郷意識を覗かせている。

それにしてもどういうことでポルトガルなのだろうか。実は檀らは数人のメンバーで日本車でブラジルから中南米を回り、アメリカ合衆国に向かう旅行を計画したところ、見事に頓挫してしまった。その時の一員である志村孝夫がポルトガルから檀を再三誘ったところ、檀も気に入ってポルトガルに出かけたということが真相のようだ。すでに南米まで来てしまっていた志村はヨーロッパのどこかで骨休みしてから帰国したい、物価が安く、観光客の押し寄せてこないポルトガルがよいと考え、リスボンの旅行案内所でサンタ・クルスを教えてもらい、別荘を借りて住み、檀を呼ぼうと手紙、絵葉書をせっせと書き送ったわけである。そんなきっかけで檀はポルトガルへやってきたのだが、サンタ・クルスに到着して村の中央広場の近くにある別荘を借り、無人の浜で波を見、海に泳ぎ、渚を歩き、落日、夕焼けを気に入り、地元の人々と交わると、「移住したくなる」と家族に手紙を書くほどに惚れこんでしまった。

そのような檀は帰国後『来る日去る日』を書き、『美味放浪記』にポルトガル料理を書き、五年ほどしたらまた行きたいと周囲に語っていたという。

3

小説『檀』は作者の体験をそのまま小説の材料にした私小説風の作品であるが、作家沢木耕太郎が妻の檀ヨソ子に毎週一回一年間かけてインタビューして作成され、語り手である「私」はヨソ子で、檀についての話を聞きたいという「ある方」が沢木耕太郎なのである。私小説なら「私」は作者であり、口述筆記の自伝なら「私」は主人公である場合が多い。これは面白い設定の小説である。

ヨソ子の家は比較的豊かで、父親はヨソ子が小さいころ福岡で造り酒屋を経営していた。女学校を出て、花嫁修業をし、海軍中尉と見合いで結ばれたが、結婚して二年で夫を戦死で失ってしまった。

戦後の一九四六（昭和二一）年、律子夫人を病気で失った檀と見合いで結婚することになった。その時の印象をヨソ子は「好感のもてる相手だった」、「長身だったが、少し猫背で歯が出ている。しかし私にはその檀の姿が颯爽として見えた」と『檀』のなかで述べている。

数年ののち作家としてやっていくため檀一家は東京に出てくる。ヨソ子夫人は先妻との子と二人でもうけた子の都合四人を育てていたところ、一九五六（昭和三一）年、太宰治の文学碑除幕式が津軽で行われ、『火宅の人』事件が起こる。ヨソ子はショックで一人家を出るが、しばらくして戻る一方、檀も家を出て長らく家に戻れなかった。何年もたち愛人との関係が疎くなってくると檀も家に戻ってきたという。そんなヨソ子は檀の愛人関係という事実に悩まされたうえに、『火宅の人』では桂ヨリ子として悩む姿まで書かれてしまうという二重のプレッシャーを受けた生活を送ってきたのだった。

そして何一〇年もたって『檀』のインタビューでそれを再び思い出させられてしまうということになったのである。『檀』の第六章はそんなたいへんな人生をたどるヨソ子のポルトガル行きについて言及している。すでに五六歳になっていた檀はポルトガルで葡萄酒ダンを飲み、度数の高い透明な酒アグアルデント、ウイスキー、ブランデーを飲んでいたためか、体調を崩したことがあったようだ。ポルトガルまで檀を訪ねて行った友人たちからそれが伝えられると、ヨソ子は気がかりで、夫を見に行かねばならないと決断し、ポルトガルまで出かけた。まだ女性の一人海外旅行が盛んでなかった頃のことであったが、行動を起こした。

リスボンの空港で出会うと檀は黒く陽に焼けていたので、安堵するとともに、「初夏のサンタ・

檀一雄の記念碑（サンタ・クルス）

クルスは空気が気持よかっただけでなく、花や草木も美しい装いをしてくれていた」と初めての海外をヨソ子も楽しむことができたようだ。一九七一（昭和四六）年五月から二カ月半サンタ・クルスに滞在した。檀は畑仕事に精を出し、ヨソ子のため魚をさばき、料理を作り、リスボンはもちろんのこと、近くのエリセーラやマフラ、遠くはコインブラやポルトを案内し、帰国の際はパリまで送った。

檀一雄はヨソ子夫人があって初めて檀一雄であったとつくづく思う。

サンタ・クルスのチャペル広場の北側に檀の詠んだ「落日を　拾ひに行かむ　海の果」を彫り込んだ大きな岩が置かれている。檀の友人たちはここに一九九二（平成四）年一月檀一雄記念碑を建てた。檀の友人の中谷孝雄は檀の臨終にも立ち会い、檀の友人たちに訃報を伝える役を果たした人である。その中谷は「大西洋に沈む太陽を愛し、周囲の人々に愛され、プロフェサー・ダン通りに住んだ檀一雄はポルトガルを再訪したいと望みつつ、日本への帰国後まもなく六三歳で生涯を閉じた」と台座部分に刻んだ。

（引用は『来る日去る日』『美味放浪記』および『檀』から）

第六章　欧州金融・債務危機とポルトガル

大使としての勤務を終えて帰国すると、ポルトガルを楽しみましたかとよく質問されたが、最近はポルトガルは大丈夫ですかとよく質問される。欧州金融危機と欧州債務危機がポルトガルを襲ったからである。経済や金融の知識をかなり必要とするが、なるべく簡潔にポルトガルの危機を調べてみよう。

1

今回の金融危機は二一世紀に入り、発展した金融工学を利用した、アメリカのサブプライム・ローン（プライムローンより劣位の、低所得層向けの住宅ローン）から組成した証券化商品が行き詰まったことから発生したもので、アメリカはもちろん、欧州、日本、新興国に危機が及んだ、百年ぶりの大事件となったのであった。

アメリカでは金融緩和とともに低所得層に住宅を持たせる政策がすすめられ、住宅価格が上昇すると、さらにサブプライム・ローンが実行され、これらのローンをもとに証券化商品が作られていった。しかし、二〇〇六、七年ごろには住宅価格の上昇も止まり、ローンの延滞・焦げ付きも多数発生した結果、証券化商品の価格も暴落し、これらに投資していた多くの金融機関、投資家に損失が発生することになった。二〇〇八年春には投資銀行（日本の証券会社に相当）のベア・スターンズが危機に陥り、大手投資銀行に救済されたものの、同年夏にはアメリカの政府系住宅金融機関フレディ・マック、ファニー・メイの救済にまで発展し、同年九月になり大手の投資銀行のリーマン・ブラザーズが倒産した。証券化商品に保証を与えていた大手保険会社のＡＩＧも倒産した。リーマン・ショックの発生により、世界中が混乱に巻き込まれた。

実は危機の欧州への波及は早く、すでに二〇〇七年八月にはフランス第一位の銀行ＢＮＰパリバの傘下のファンドがアメリカのサブプライム・ローンなどの投資に失敗したことが明らかとなった。同年九月にはイギリスのノーザン・ロック銀行に一五〇年ぶりという預金取り付け騒ぎが起こり、一〇月までにドイツの銀行ヒポ・レアル・エステート、ベネルックスの多国籍銀行フォルティス、ベルギー・フランスのデクシア、イギリスの銀行ブラッドフォード&ビングレーが破たんした。

ロンドン市場で借り入れ、国内で貸し出していたアイルランドはパリバ・ショックと国内のバブルの炸裂により行き詰まり、同じく国内に住宅バブルを発生させていたスペインも地方の中小貯蓄銀行のカハの整理統合に追い込まれ、近隣諸国の預金すら集めていたアイスランドの銀行も資金調達、運用ができなくなってしまった。さらにバルト諸国やハンガリー、ポーランド、チェコなどの東欧諸国の銀行も行き詰まってしまい、こうして欧州での危機も各方面に波及し、混乱は一層大きく、広い範囲に及んだ。

二〇〇八年一〇月共通通貨ユーロを使用している一五カ国の首脳がパリに集まり、そこにイギリスも参加した。金融機能を回復させるため銀行間市場に流動性を供給し、預金保険の限度額を引き上げて預金者の保護を図り、金融機関には一兆八一二〇億ユーロ（当時約二四〇兆円）という巨額の資金を緊急支援することが決まった。支援規模はユーロ圏一五カ国のGDPの約二〇％の規模に上る。銀行危機の深刻さがこの数値からうかがわれる。一〇月中旬以降各国で公的資金の注入が始まった。具体的に各国別にみると、フランスは大手六行に一〇五億ユーロ、ドイツは大手州立銀行に五〇億ユーロ、オランダはINGグループに一〇〇億ユーロ、ベルギー（とフランス）はデクシアに六四億ユーロ、イギリスは大手三行に三七〇億ポンドなどを注入した。（なお同じころアメリカは大手九行に一二五〇億ドル、スイスはUBSに六〇億スイス・フラン投入した。）日本の一九九〇年代後半の金融危機に教訓を得て、欧米で早めに巨額の公的資金が投入された。

また同年一二月の首脳会議では銀行危機のあとEU各国の経済の足取りが不安定となってきたので、不況対策として向こう二年間で二〇〇〇億ユーロの財政支出を行うことが取り決められた。これはEUのGDPの約一・五％規模となる。すでに一〇月時点で安定成長協定の財政赤字はGDPの三％以内との規定は弾力的に運用することが示されていた。それで各国は不況対策のための巨額の財政支出を行うことになった。

これで順調にいくと良かったが、翌年以降欧州の危機は全く違う方向に進んでしまった。

2

二〇〇九年四月ギリシャで政権が代わった。新政権は旧政権が公表していた財政赤字のGDP比四％台は統計の改ざんによるものであり、本当は一二・七％にのぼると発表した。ギリシャがこれまで統計をごまかしていたこと、EUの安定成長協定に違反していたことへの非難にとどまらず、はたしてギリシャは発行した国債を償還できるのだろうかとの疑問を惹起した。ギリシャ国債の価格は暴落し、利回りはドイツ国債と比べて急上昇した。安全とされていたギリシャ国債投資が問題視され、ソブリン・リスク（国債保有のリスク）がクローズ・アップされることになってしまった。

共通通貨ユーロの発足前は各国の国債はその財政状況に応じた金利を払っていたが、ユーロが発行されるとユーロ各国の国債の金利はドイツ国債金利にほんのわずかなスプレッド（金利差）をのせて発行できるようになった。それが〇九年秋頃から急に二〜三％もスプレッドをのせなくてはいけなくなった（ギリシャ危機の勃発）。市場はギリシャがどう対応するのか、EUがギリシャをどのくらい助けるのかという問題に釘づけとなり、ギリシャはEUの重要なメンバーと言いつつ支援に不熱心なドイツと他の国々の折衝が続き、市場はそのつど一喜一憂を続けた。

翌一〇年二月のEU臨時首脳会議はギリシャ政府の提出した財政再建計画を承認した。ギリシャは毎年財政赤字を削減し、GDP比で一二年には二・八％まで下げる約束をした。市場の関心はデモが発生しているギリシャが財政支出の切り下げ、税収の強化という市民に負担を求めるような政策を誠実に実行できるか、EU各国は早晩求められるギリシャへの財政支援を実行するか、世界の金融関係者がギリシャの再建計画をどう評価するか、世界中の金融機関がギリシャ国債を保有し続けるかということとなり、神経質な相場展開を見せた。

一〇年春になるとギリシャ国債の利回りはドイツ国債と四％以上のスプレッドとなっていたが、ギリシャと似た財政状況にあると市場が思いこんだアイルランド、ポルトガル、スペイン国債も問題視され（いわゆるPIGS問題）、これらの国債の利回りも急にスプレッドを広げ、不安が市場を覆う状況だった。さらにこれらの国債を持っている欧州の大手、さらには世界中の金融機関、投資家が不安に陥り、市場の混乱が一層広がっていった。欧州債務危機が広がったのであった。

またそのようなEU、ユーロ圏諸国の対応ぶりからユーロが市場で売られ、ユーロ危機に発展していった。ユーロ相場は〇九年末の一・五ドルから約一〇％、一・三五ドルまで下落した。ギリシャに対する支援がもたつくと、一〇年四月にはユーロは一・二ドルまで暴落し、市場にはユーロ存亡の危機感が広まり、共通通貨ユーロへの根本的な疑問まで浮上した。また欧州のみならず、アメリカや日本の株式市場の株価も暴落し、その影響は全世界に及んだのであった。

一〇年五月のEU首脳会議はギリシャに対してEU一五カ国による八〇〇億ユーロの支援と国際通貨基金による三〇〇億ユーロ、合計一一〇〇億ユーロの支援パッケージで合意した。実際にはユーロ加盟各国に割り当てられた額をそれぞれギリシャに対して融資することになった。（この融資はバイテラルの性格、つまりEUからでなく個々の国からギリシャ政府に与えられたものである。）

さらに今後発生するかもしれない場合に備えた巨額の欧州金融安定化基金（欧州金融安定ファシリ

ティー、略称EFSF、資金規模は五〇〇〇億ユーロ）を設けることが決定され、危機時には国際通貨基金が同時に融資する（二五〇〇億ユーロ）ことになった。これにより明示はされていないが、スペイン、ポルトガル支援などに対応できることになった。ギリシャ危機勃発から七カ月目にしてようやくEUの体制が整備されたのだった。また欧州中央銀行（ECB）はギリシャ国債などの国債を買い入れることを始めたので、国債市場は安定化の方向へ向かうはずだった。

ギリシャは一〇、一一年を通じて約束した緊縮政策、財政再建策を進めることになったが、構造改革・民営化措置の遅れや緊縮策の影響から景気後退が続き、財政再建が遅れていた。事態の進み具合から市場は引き続き神経質な動きを見せていた。さらにこれまであまり問題とされていなかったイタリアも危ないのではないかとのうわさも飛び交うようになった。（Iをもうひとつかさねて PIIGS問題と呼ぶことがある。）ギリシャ支援は十分ではない、本来EUとしてもっと根本的政策を必要とするとの声は月日を追うごとに強まった。

これに対処するため二〇一一年一〇月の首脳会議はギリシャに対し第二次支援（総額一三〇〇億ユーロ）を決定した。第一次支援に比べ、金利も下げ、融資期間も延長した。また欧州金融安定化基金を継承し、もっと資金規模の大きい欧州安定メカニズム（ESM）を設立することは七月の首脳会議でまとまっていたが、発足時期を一年前倒しして一二年七月にスタートさせることにした。一方、民間債権者の自発的参加によるギリシャ国債の元本削減を求めることとされ、一二年三月には債務削減が実行された（額面の五三・五％の削減）。もっともこれはEU加盟国の国債として異例中の異例であり、欧州中央銀行の強い申し入れにより他の国債の削減は行わないこととされた。

一三年七月に行われたギリシャ政府とトロイカ（ＥＵ、欧州中央銀行、国際通貨基金）の話し合いでは、ギリシャの財政削減が進み始めたこと、公務員や学校教師の削減をすることなどが確認され、ギリシャも徐々に安定化の方向にある。

なお一一年一一月欧州中央銀行の総裁がマリオ・ドラギに代わると、金融市場安定化のため民間金融機関に対し三年融資を行なう（ＬＴＲＯと呼び、欧州中央銀行が必要とする金融機関に流動性を供給すること）や国債の買い入れ（ＯＭＴと呼び、欧州中央銀行が改革プログラムを実行している国の国債を購入する）などして、金融市場は急速に収まっていった。

3

ポルトガルはユーロ参加後も景気が低迷し、ＧＤＰ成長率はユーロ圏の平均以下で、労働生産性は大きく立ち遅れたものの、労働コストは上昇していた。ＥＵが東方拡大すると、中・東欧の新規加盟国との競争の影響を受け、低成長を余儀なくされた。欧州に金融危機が発生すると、景気後退による税収減と景気浮揚のための財政出動により財政収支は悪化した。ポルトガルは二〇一一年五月にはＥＵと国際通貨基金に総額七八〇億ユーロの支援を要請した。

ポルトガルのソクラテス政権は〇九年の総選挙後も政権を担当していたが、一一年三月辞意を表明し、同年六月総選挙が行われ、野党だった社会民主党が政権に返り咲き、コエーリョ政権が発足したが、ＥＵ、国際通貨基金と折衝した社会党は協力姿勢をとり、コエーリョ政権が支援プログラム通りに政策運営することになった。最近では市場で短期の国債を発行することができ、順調に推移している。

ポルトガルでも金融機関に対して資本注入が行われたが、前に述べたようにバブルによって傷んだ金融危機に対応するというより、ポルトガル国債などの価格低下、ポルトガル経済の悪化などに対応するものだった。総額七八〇億ユーロの支援パッケージのなかにも金融機関に対する資本注入が用意されていたので、二〇一二年七月にミレニアムBCP銀行に三〇億ユーロ、BPI銀行に一五億ユーロ、カイシャ・ジェラル・デ・デポジトスCGD銀行に一六・五億ユーロが投入された。二〇一三年一月にいたりBANIF銀行（バンコ・インターナショナル・デ・フンシャル）にも一一億ユーロが投入された。なお、エスピリト・サント銀行は自力で増資を行って、のりきったという。（二〇一四年春になりエスピリト・サント銀行の関係会社の取引の失敗のため銀行資産の悪化が表面化し、同年八月には欧州安定メカニズムの四四億ユーロの資金注入、同銀行を分割し、健全部分をノボバンクに引き継ぐことが決まった。結局すべての銀行が資本注入されたことになった。）

二〇一二年四、五月にポルトガルを訪問した際に聞き及んだところ、ユーロ加盟後ポルトガルでも低金利を利用して公共事業が推進され、また郊外の民間アパートの建設も進んだ、しかし財政危機後の不景気のためアパートは売れ残り、付加価値税の引き上げのため街のレストランは閑古鳥が鳴いている状況だった。ときおり市民のデモがあるが、ポルトガル人はこれまでも我慢を重ねてきたので、今回も我慢のしどころと思っているという。欧州域内への出稼ぎやブラジルなどへの移民も増えている。

ギリシャ、ポルトガル以外の国々についても簡単に触れておこう。アイルランドは金融危機発生以前はユーロ圏を上回る経済成長をしてきた。多国籍企業の進出が進み、所得水準が上昇し、優秀な国との評判だった。しかし国内では住宅、不動産バブルが生じ、バブルが崩壊すると家計、企業には巨額の負債が残り、金融機関は巨額の不良債権を抱えることになった。アイルランド政府は早速金融機関の不良債権処理のため公的資金を投入したが、そのため大幅な財政赤字に陥り、市場の懸念は高まった。二〇一〇年一一月EU、国際通貨基金に支援を求め、総額八五〇億ユーロの支援プログラムが実施されることになった。アイルランドは決められた路線にそって政策運営しており、これまで順調に推移している。

イタリアも危ないのではないかとさんざん噂されてきたが、二〇一一年一一月に発足した非国会議員のみからなるモンティ政権が議会における大多数の政党の協力を得て、財政収支均衡、経済成長、経済構造改革、労働市場改革、歳出見直しに関する政策を次々と実施している。一三年四月レッタ政権に代わったが、イタリアはその後もモンティ政権の敷いた路線をたどっているようである。

スペインではサパテロ政権発足後の三年間（二〇〇四年～〇六年）は、年率四％強という高い成長率を享受してきたものの、主に成長をけん引してきた住宅建設部門のバブルが崩壊したことに加え、世界不況や金融危機の影響もあり、〇八年以降経済は急速に悪化した。失業問題も顕在化し（一二年の失業率は二五％）、財政収支赤字も拡大した。金融機関についてはカハの整理統合にとどまらず、一二年五月にスペイン第四位のバンキア銀行が一九〇億ユーロの公的資金支援を政府に要請した。この問題への対応に時間がかかると、スペイン国債の金利が上昇し、信用不安が拡大していた。六月にはEUに対し同国金融機関への支援を要請するところとなり、欧州安定メカニズムによる一〇〇〇億ユーロのスペイン金融支援方針が決まった。その後スペインも徐々に安定を取り戻している。

一方、ユーロには加わっていないイギリスも金融危機に見舞われたことはすでにみたところであるが、危機はさらに進み、結局ロイヤル・バンク・オブ・スコットランド（RBS）、ロイズ・バンキング・グループ、ノーザン・ロック銀行の三行が実質国有化され（RBSが七〇％、ロイズが四三％で、ノーザン・ロックは一〇〇％国有化されている）、国内金融は著しく損傷をした。また景気対策も講じてきたところ、財政赤字が拡大し、イギリス・ポンドは弱くなったユーロに対してもさらに弱まった。実際ポンドはパリバ・ショックの後ユーロに対して下落を始めたが、リーマン・ショックのあと一気に一ユーロ〇・八ポンドから〇・九五ポンドへと暴落していた。二〇一〇年五月に発足したキャメロン政権は徹底した財政再建を掲げ、各種公共サービスの削減、付加価値税の引き上げなどを実施してきている。

今次の金融危機、財政危機により欧州は急速に変わりつつあるし、変わらなくてはいけない。ポルトガルも改革を迫られている。

第七章　欧州危機から銀行・財政同盟への途

今次の欧州金融危機、債務危機の発生、その対応の混乱ぶりからEUやユーロゾーンの制度、組織、政策運営に問題があったことは明らかだった。ヨーロッパ内部からもEUあるいはユーロを使用しているユーロ圏が各国の妥協の上で、欧州統合の深化を図っていかなくてはならないとの声が上がり、少しずつ進展し始めている。

1

ウォール・ストリートやロンドン・シティからはヨーロッパは中央銀行は一つなのに財政は一七カ国ばらばらだからうまくいかない、したがってこの先もうまくいかないだろうと厳しく批判された。問題はそう単純ではなく、ばらばらな金融監督、ばらばらな財政、金融支援をすると財政赤字が拡大するという金融と財政の負の連鎖、金融危機により悪化した経済に対する対応をどうしたらよいかなど解決すべき問題は盛り沢山である。

欧州安定メカニズム（ＥＳＭ）のＣＥＯのクラウス・レグリング氏は私たちとＧ７会合に出席し、

リヨン・サミットやデンバー・サミットを準備した間柄であるが、彼は私に向かって「EU、ユーロ圏は困難に出会うとそれらを乗り越える努力をして、欧州統合は進んできた。今回もわれわれは統合が進む形で前進してきているし、さらに前進する」と言っている。どんな努力がなされ、進捗が見られるだろうか、欧州銀行同盟、財政同盟はどんなものなのだろうか、検討してみよう。

2

これまでのヨーロッパの金融体制は、銀行、証券、資産運用など幅広い業務を行うユニバーサル・バンク、いずれかの国で免許を得ればEU内の他国でも営業できるシングル・パスポート、免許を与えた国が監督するホーム・カントリー・コントロールが特徴だった。しかし、うまくいかないことが分かった。

そこで、二〇〇八年一一月にはド・ラロジェール氏（元国際通貨基金の専務理事、フランス）らの専門家グループに検討を依頼し、その提言をいれた金融監督体制を翌年九月に欧州議会、閣僚理事会が承認し、欧州に新しい監督体制が構築されることになった。これは、経済全体、金融システム全体の健全性（これをマクロ・プルーデンスという）を監視する機関を設置し、その下に各国の銀行などの監督機関（これをミクロ・プルーデンスという）の連携を強化させようとするものだった。ロンドンに欧州の銀行監督を束ねる機関が設けられるなどさっそく実行された。

ところが、二〇一二年ごろになり、信用力が低下した国の国債などを保有する欧州の銀行が信用危機に陥る状況となると、欧州債務問題と銀行の問題を切り離し、金融の安定、ガバナンスの強化を図っていく必要があるという議論になった。

もう少し具体的に見てみよう。ギリシャ、アイルランド、ポルトガルと次々に救済融資が行われ、金融機関への資本注入が進んでいった。スペインは財政状況はかなり良いが、同国の金融機関には資本注入が必要であった。欧州金融安定化基金あるいは欧州安定メカニズムの支援融資は加盟国に対するものに限られており、銀行救済のための借り入れは借り入れ国の債務の増加になるので、二〇一一、一二年を通じて折衝していたスペインは支援融資を直接銀行に投入し、政府債務を増加させない方がよいと主張した。会議ではフランス、イタリア、ポルトガルなどが同様の主張をして、ドイツと対立していた。二〇一二年六月のユーロ圏首脳会議でようやく妥協が成立し、金融不安と財政悪化の悪循環を断つため、欧州中央銀行にユーロ圏統一の銀行監督権限を与え、ユーロ圏の銀行経営を厳しく監視することを前提に欧州安定メカニズムから個別銀行へ直接融資をできるようにすることが決まった。つまりユーロ圏で銀行同盟を結成することになった。

実は、共通通貨ユーロを発足させ、欧州中央銀行を設置する際、金融政策は一つにするが、各国の中央銀行、各国政府の銀行局などによる金融監督は従前どおりにすることにしていた。たとえばドイツ連銀に働く数万人の職員のうち金融政策にかかわっていない、監督などにかかわっている職員たちはそのまま連銀に残り、ドイツの大小の銀行の監督に当たることにした。銀行同盟の議論の際もドイツは、大銀行は新たに欧州中央銀行の監督に服させるとしても、ドイツの中小の銀行はドイツ連銀の監督がよいと思っていた。これに対し南欧諸国では直ちに欧州中央銀行の監督に服させる方がよいと考えていた。延々と議論は続いたが、結局妥協が成立して、欧州に本店の所在する銀行は大きい方から順に欧州中央銀行の監督に服させる（各国の監督権を譲渡する）ことになった。銀行同盟の他の二要素である預金保険制度、金融機関の破綻処理制度の共通化については、各国の法制が異なるので、たいへんなエネルギーを要する作業と妥協が今後必要で、銀行同盟が実態を整えて来るまでにはまだ多くの年月がかかるとみられる。

なお、ＥＵには入っているが、ユーロを使用していない国々の金融機関の監督などはこれまで通りであるので、引き続きユーロ圏の内と外の差は残ることになる。しかも金融の中心地イギリスがユーロ圏外であるので、イギリスの協力を得ないと銀行同盟が期待される機能を十分に発揮できないのではないかと見られている。

3

共通通貨ユーロを創設する通貨同盟を建設して行くにあたり、ドイツのヴァイゲル財務相の提唱で一九九七年に成立した安定成長協定は、マーストリヒト条約に定められた単年度の財政赤字はＧＤＰ比三％以下、公的債務は同六〇％以下を順守するよう加盟国に義務づけ、加盟国の財政を監視することとした。しかし、ギリシャの報告する財政赤字がでたらめであったことなどから、安定成長協定をより厳格にし、監視を強化することが必要であった。五つの規則と一の指令からなるシックス・パックは二〇一〇年秋に提案され、翌年三月の経済・財務相理事会での合意後、ＥＵ議会の審議をへて、二〇一一年一二月に発効した。これによりEU諸国では中期財政目標からの著しい逸脱が定義され、著しい逸脱の時は過剰財政赤字是正措置が発動され、是正がなされない場合には課徴金が科されるなどと財政状況の監視と早期是正がルール化された。共通通貨ユーロを使用しているユーロ圏諸国はシックス・パックをさらに強化して、独立機関による財政監視するツー・パック(二つの規則)にも合意し、これは二〇一三年五月から実施されることとなった。

一方、二〇一〇年三月の欧州首脳会義では救済基金の設立とギリシャへの資金支援を早期に図りたいフランスなどの主張に対し、ドイツは均衡財政をできれば各国の憲法に規定するよう求め、紛糾した。金融市場は混乱を深め、早期にギリシャ支援を行わないとギリシャ国債のデフォルトもあり得たので、ドイツも妥協し、欧州金融安定化基金は二〇一〇年五月九日には首脳間で合意を見て、さっそく同年六月には設立され、事業を開始するところとなった。アイルランド、ポルトガルやギリシャの第二次支援は同基金から支援が行われた。

そこで均衡財政を求めるドイツは首脳会議の第二日目の五月一〇日にEU各国が憲法レベルか重要法案に均衡財政義務を規定するよう提案を行った。救済資金の多くを負担するドイツの各国に対する重要な要求であったが、ドイツ以外の国々にとっても憲法か重要法案といわれてもまさに国々の財政主権、財政の考え方の基本であるので、各国間の交渉は長引いた。結局二〇一〇年の大半と二〇一一年のまる一年半以上も交渉して、二〇一二年一月の首脳会議でフィスカル・コンパクトとよばれる政府間条約を結ぶことの合意がなされ、調印は三月に行われたが、各国の批准が進み、条約が発効したのは二〇一三年一月のことだった。ドイツの要求した均衡財政条項を憲法か法律に規定することは義務化され、各国は二〇一三年中に対応することとなった。

ポルトガルの場合ポルトガル支援をしてもらったので、直ちに条約の審議に入り、二〇一三年四月には国会は条約を承認し、七月までに批准書をEUに寄託し、均衡財政条項は予算とともに国会で可決され、EUの中では二番目というスピーディな対応をしている。

このほか、ヨーロピアン・セメスターと呼ばれる手続きは毎年の前半に中期の経済戦略をEU加盟国、ユーロ圏国で相互に調整するためのものであったが、この手続きを今後は各国の予算についても実施することとなった。つまりそれぞれの国の翌年度の予算を前年の前半にEU加盟国、ユーロ圏国の間ですり合わせ、EUで必要と考えている内容が盛り込まれているか、収入と支出の収支差は正しいかを相互に吟味することになった。

安定成長協定に加え、シックス・パック、ツー・パック、フィスカル・コンパクト、ヨーロピアン・セメスターなどのいろいろな仕組みが導入され、EUの財政同盟が徐々に形成されてきている。これからEU加盟国、ユーロ圏国は内容的にも、収支差についてもほぼ似通った予算を作るようになろう。これでかなり財政面の協調が図られることになる。なお財政同盟といっても各国の予算権限を割譲してEUから支出するという考えでなく、各国の財政を相互によく監視し、EUあるいはユーロ圏共通の支出項目はそれぞれの国でちゃんと予算化して協調して支出していくという考えであることには注意が必要だ。

実はイギリスとチェコの二カ国はフィスカル・コンパクトに加わらなかった。イギリスはロンドン・シティの金融機能を引き続き大事にする考えのため、金融取引に課税を考えているユーロ圏諸国と同調できなかった。もっともキャメロン首相は積極的に財政赤字の削減を推進しているので、均衡財政が大事という点では変わりはない。

4

このような進展に対して本当は欧州憲法を作って、もっとまとまっていくはずでなかったかと疑問を持たれる方もいるだろう。少々さかのぼるが、ユーロの発足が決まり、旧共産圏の東欧の国々のEU加盟を見計らって、二〇〇一年一二月のベルギー・ラーケンでの首脳会議宣言によって、二〇〇二年二月ヴァレリー・ジスカール・デスタン元フランス大統領を議長とする「欧州の将来に関する諮問会議」（コンベンション）が発足した。百人余のコンベンションにはポルトガルも加わっていたので、リスボンに在勤の頃の私もポルトガル代表というべき元財務大臣イルナニ・ロペス氏にコンベンションの審議の状況をヒアリングに伺ったことを覚えている。ポルトガルは多勢に従う、EUの統合深化には賛成という態度だった。

二〇〇三年六月にはコンベンションの欧州憲法草案がまとまり、いよいよ政府間交渉に進んだ。そして東欧諸国も加わった二五カ国からの合意を得た憲法条約は二〇〇四年一〇月ローマで署名式典が行われ、調印された。その内容は、各国は主権の一部をEUに移譲する、欧州理事会に議長（大統領）を設ける、EU外相ポストを設ける、重要事項の決定には特定多数決を採用するなどが盛り込まれたほか、EU連合の旗、歌（いわばEUの国歌）も決めるというものだった。

ところが、多くの国で審議、批准が進む中で、二〇〇五年のフランスとオランダの国民投票では反対票が上回り、憲法条約は批准否決となった。EUは熟慮期間を設けるとして、憲法議論はしばらく棚上げとなってしまった。

二年ほどして二〇〇七年ドイツがEU議長国となって、熟慮期間を終結させ、新たな基本条約を結ぶというベルリン宣言が合意された。同年六月フランス語で六二、〇〇〇語、四四八条の欧州憲法条約が一二、八〇〇語、七〇条に簡素化され、EUの超国家機関的な要素を排除したEU改革条約案が発表された。具体的には欧州理事会の常任議長ポスト、外相ポストを設けることや欧州議会の国別議席数の配分や欧州委員会委員数の削減などは欧州憲法条約の規定のようになっている。

ポルトガル（ソクラテス政権）はドイツを後押しして早急に政府間協議に入ることとし、ポルトガル議長国のもとで二〇〇七年一二月リスボンのジェロニモス修道院で式典が執り行われ、調印にこぎつけた。そこで新条約はリスボン条約と呼ばれることになった。落とし所をよく理解して行動するところはさすがにポルトガルといえよう。

リスボン条約は全二七加盟国（東方への拡大により二五カ国へ、そしてマルタとキプロスの加盟で二七カ国へ拡大した）で批准が完了したことから、二〇〇九年一二月発効した。EUの超国家機関的要素は排除されたが、実際は憲法条約で考えられていた多くは盛り込まれている。このような曲折のある歩みがまさにEU的である。

ちょうどそのころアメリカの金融バブルがさく裂し、それが欧州の金融危機に飛び火して、さらに欧州債務危機へと発展して行ってしまった。そこでEUという大きな枠組みの中に、上に見たように財政同盟、銀行同盟と呼ばれる個別の政策分野の意思決定の強化、ガバナンスの改善が行われることとなったのである。欧州憲法が否定された影響はかくも大きかったのである。結果的にはあまりに遅い統合深化の歩みといわれてもしょうがない。

経済学者の中には、これまで財政が分権的であったのは各国ごとに景気状況が違うので、景気が悪くなりだすと各国ごとに判断して、国債を発行して公共事業を行うなどのメリットがあったが、これからはEUあるいはユーロ圏共通の判断がなされるまで公共事業などが決定されないこととなると、結局不況対策をするというケインズ政策は欧州では行われなくなると心配する向きもある。また欧州経済がこのまま低調に推移し、財政出動による景気対策が行われないとすると日本が経験したのと同じような一〇年あるいは二〇年にわたり低成長せざるを得なくなるとの悲観論も出てきている。

このような中で、危機に見舞われたポルトガルも落とし所を心得つつ対応したり、時に主体的な歩みを見せるなどそれなりの努力を払っていることは理解しておきたい。

第二部　ポルトガル本の世界

第一章　もう一度行きたいポルトガル

もう一度行きたい国は人によりいろいろあろう。その中でポルトガルはトップ・グループに入っているると思う。人々はロマンチシズムを感じ、是非ポルトガルへ行ってみたい、一度行ったことのある人はもう一度行きたいと思う。ここに紹介する文人もその点は変わらないようだ。

『南蛮阿房第2列車』　阿川弘之　一九八一（昭和五六）年

阿川弘之氏は代表作の『春の城』『雲の墓標』や海軍提督を描いた三部作『山本五十六』『米内光政』『井上成美』などで有名である。阿川は旧制広島高校を経て、東京帝国大学文学部を繰り上げ卒業して、一九四二（昭和一七）年九月海軍予備学生として海軍に入った。中国戦線で終戦を迎え、ポツダム大尉（ポツダム宣言受諾後に昇格した大尉）として復員している。卒論に書いた志賀直哉に戦後師事して小説家の道を歩んだ。『山本五十六』では、海軍次官時代に対米開戦に反対したという事実を、『米内光政』では開戦時と終戦時の二度にわたる海軍大臣を描いた。『井上成美』では海軍兵学校の校長時の「教養ある者の責任感」の教えや戦後の清貧生活を記している。阿川本人の海軍生活も踏まえ、リベラルな海軍を描きつつ、大人の風格、身の処し方など硬派とでもいうべきトーンに心が洗われる思いがする。

その阿川は実はたいへんな乗り物好き、鉄道好きである。『お早く御乗車ねがいます』、『なかよし特急』から始まって、『ヨーロッパ特急』、『南蛮阿房列車』、『贋車掌の記』のほか、愛車ルノーを書いた『ぽんこつ』、国産旅客機YS―11を取り上げた『あひる飛びなさい』、船旅の『女王陛下の阿房船』などを著し、鉄道作家のポール・セルーの翻訳もある。

南蛮阿房とは何だろう。鉄道が戦前の運行水準に回復しつつあった一九五〇年から一九五五年(昭和二〇年代半ばから昭和三〇年)にかけて青森から鹿児島までのいろいろな汽車旅をもとに紀行文を執筆した内田百閒は『阿房列車』を著した。内田は列車を秦の始皇帝の建てた阿房宮に見立てて阿房列車と名付けた。阿川はその外国編を書くので、南蛮阿房と名づけたわけである。『南蛮阿房列車』は一九七五(昭和五〇)年から七七(昭和五二)年まで、『南蛮阿房第2列車』は一九七七年から八一年にかけての鉄道の乗り物記である。

『南蛮阿房第2列車』の「欧州モザイク特急」のなかの「第4列車」はリスボンからポルトまでの特急ドウロ号、「第5列車」はリスボンからマドリッドまでのリスボン特急である。

ヨーロッパ鉄道の旅に同行してくれた文人たちが帰国したので、阿川のポルトガルへの旅は家族一緒となった。空路リスボンに入り、海軍仲間である日本村長(大使のこと)に出迎えられ、ベルギーから託されてきた日本食品を手渡すことから書き始められる。列車旅が目的であるが、まず観光するよう村長に勧められ、「ここで陸が尽き、海が始まる」のロカ岬、ヴァスコ・ダ・ガマをポ

マヌエル様式の優雅な外観を持つ「水に浮かぶ要塞」、ベレンの塔

ルトガルの王侯貴族が見送ったベレンの塔を見学し、それからナザレの浜で腰の太い黒衣のかみさんたちの焼くイワシを昼食にいただく。

翌日は一人だけでリスボンのサンタ・アポローニャ駅から特急ドウロ号に乗ってポルトまで向かう。「検札に回ってきた車掌も食堂車のボーイも南蛮屏風の伴天連の顔で、これぞ本当の南蛮阿房列車かと思いたくなる」と列車旅の悦に入る。同時に一等だというにずいぶんきたないとか、イベリアン・ゲージの超広軌だがスピードはそう速くないと観察する。ポルトに着くとどこも見物することもなく、一〇分後に出発する、同じ列車だが折り返しのため名称が変わった特急サン・ジョアン号に乗り、リスボンに向かう。切符なしで乗り込んだところ、女車掌とのトラブルになり、その場を助けてくれたイギリス人を相手に鉄道と海軍の話をして楽しみ、ポルトワインを飲んで眠り込み、リスボンの出発駅に戻ってきた。これだけでもいかに阿川が列車好きかわかる。私もポルトガルで村長（大使）をしていた頃リスボンとポルトの間は何度も往復している。今は高速道路のA1、A9が通っているものの、ドウロ号、サン・ジョアン号も利用した。ほぼ満席で、賑やかだったと記憶している。

リスボンのサンタ・アポローニャ駅とマドリッドのアトーチャ駅の間を走るリスボン特急は古くから世界に名高い国際特急だが、たった二両編成だったことに阿川はびっくりする。またこの国際特急のスピードは時速六〇キロくらいで、国内線特急のドウロ号と引き分けであるとまるで審判のように判定をする。ヴァレンシア・デ・アルカンタラでポルトガル・スペイン国境を越える。「スペインに入り、乗務員が交替すると急に物事がてきぱきしてきた」と感想を述べているが、百余年前のハンス・クリスチャン・アンデルセンはスペインからポルトガルに入り、ポルトガルの駅がこぎれいで、清涼飲料水も買えるほど進歩していると述べている（『ポルトガル逍遙』四三頁）ので、まったく逆な感想を聞くのは面白い。

ところで二一年たった二〇〇二（平成一四）年に阿川は再びポルトガルを訪れ、「その変りやうに驚い」ている。「前の時は、何とも言えぬ味のある濃い古葡萄酒のやうな国」、「この国が往年の活力を取り戻して、欧州先進国の仲間入りする日はもう来ないだろうといふ気がした」が、今回は「長の眠りから覚めて、首都リスボンを中心に急速な近代化を成し遂げつつあるのではないか」、「先進文明国として立ち直るのではあるまいか」と感じたようだ。

帰国後阿川は知友I氏に意見を求め、「あなたの観察は決して見当違いではない」と保証してもらう。I氏によればポルトガル近代化のきっかけが二つある。一つはEU（欧州連合）に加盟し、各種投資や経済援助が行われたこと、二つは一九九八年のリスボン万博を成功させたことでポルトガル国民自身が自分たちの潜在能力を再認識したことと教わる。このような見立てが一般的であり、私も実はそう考えている。

（引用は『南蛮阿房第2列車』、『人やさき　犬やさき』から）

『どくとるマンボウ航海記』　北　杜夫　一九六〇（昭和三五）年

もう一人ポルトガルへ二度行った文人がいる。水産庁の漁業調査船に乗ってリスボンに行った「どくとるマンボウ」である。どくとるマンボウこと北杜夫氏は子供のころはもっぱら昆虫収集に興味を持ち、専門家といえる博識だったそうだ。戦局悪化の中で珍しい昆虫が豊富であるという理由で旧制松本高校に進み、松本と同じ城下町ということで仙台の東北帝国大学医学部を選び、一九五二（昭和二七）年に卒業した。慶応大学病院神経科でのインターンを経て、山梨県立精神病院の主任医をしていたころ船医の話が舞い込み、一九五八（昭和三三）年一一月から五九年四月末までの半年間照洋丸に乗ってアジア、ヨーロッパ、アフリカをめぐった。その航海での体験をもとに書いたのが『どくとるマンボウ航海記』である。

どうして水産庁の船に乗ったのだろう。北はトーマス・マンを師と仰いでいたので、何としてもドイツに留学したかったのだが、書類選考で落ちてしまい、マグロ調査船がドイツのハンブルグに寄ると聞いて船医になったのだという。『夜と霧の隅で』はナチスドイツの夜と霧作戦からモチーフを得ており、マンの『ブッデンブローク家の人々』に匹敵する小説を書きたいと構想して著したのが『楡家の人びと』である。

一九五九（昭和三四）年の正月元旦はアフリカ沖の洋上で迎え、この日だけは操業がなく、落ち着いた一日だったという。その後北に進み、ポルトガルの古い港、つまりリスボンに寄港する。「リスボンは新旧混合した実におもむきのある色彩豊かの街である」、「街には急坂が多く、ずいぶんと狭いところまで古びた市電が通っている」、「どの道にもさまざまな石が敷きつめられている」。夜になり食事に出かけるが、「ソーセージ一本、チーズにパンに葡萄酒で4エスクードたらず、タマネギと貝を塩ゆでしたもの、イワシの油あげ、どれもすこぶる安い」と驚いているが、その当時「1エスクドは約一二円六〇銭」だったというので、四エスクードは約五〇円ということになり、古き良き時代だったとわかる。「酔ってトイレットにゆくと、タオルを差し出す婆ちゃんなんかいるので、慌てて小さな硬貨をやった」というが、これは今日でもあることで、私にも同じような経験がある。

郊外電車に乗って約三〇分のエストリルまで行き、足の向くままにほっつき歩いていたところ、汚い服装の男が後ろを付けてきたという。マンボウ氏は「乞食かと思ったが、待てよ、案外こういう男が腕ききの秘密警察の一員で俺のことをスパイとでも思っているのかもしれん」、「なにしろこの地は第二次世界大戦中各国のスパイがウヨウヨたむろしていたところ」などと考えてみたものの、結局乞食だったという。そこで乗馬を楽しみ、リスボンに帰り、夜は乗組員らと居酒屋へ行ったが、マンボウ氏は昼間偶然出会った子供の手を引いていた老婆を相手に酒を飲むとのついていない経験を語っている。

それから三〇年たってマンボウ氏は再びポルトガルへ行き、『マンボウ哀愁のヨーロッパ再訪記』を書いた。「現在のポルトガルはたしかに、まあ言ってみれば文明開化していると言ってよい」、リスボンは「近代的建物ばかりが増えてしまって」いるとポルトガルの変貌ぶりに驚いている。南部のラゴスまで行き、「まだ車も少ないが、すごいスピードで走るし」、リスボンでは「日本のラッシュ・アワーどころの騒ぎでない車の渋滞だった」と観察している。約一〇年前アルガルベまで高速道路が開通したので、事情は少し良くなってきているが、私自身も人口の少ないポルトガルの交通渋滞には悩まされた。

昔着いた港近くの石畳も「すでに赤や黄の石はなく、懐旧の情が全く起こらなかった」、「料理屋にしても立派なもので、三十年前あったような木造りのまるで屋台のような店はすでになくなっていた」。日本大使館書記官にエストリルまで案内してもらい、昔あった貸馬屋を探すが、見つからず、代わりに乗馬クラブを探しだしてもらうが、乗馬を楽しむことはかなわなかった。そんなわけで「なにか記憶にない別の国に来たような気さえした」と告白している。

それもやむを得ないことだ。「三十年前私の着いた港へ行ったが、橋があるので、そんな記憶はない」、「その橋は一九六六年に作られた由で、私の来た（一九六〇年）あとのこと」というわけで、浦島太郎の気分に浸ったのだった。

（引用は『どくとるマンボウ航海記』、『マンボウ哀愁のヨーロッパ再訪記』から）

『ポルトガル紀行』　遠藤周作　一九六七（昭和四二）年

もうひとりの文人に登場してもらおう。狐狸庵先生こと遠藤周作氏である。阿川、北両氏とはまさに旧知の間柄である。『南蛮阿房列車』には阿川に狐狸庵と呼ばれて登場するし、北と遠藤は『狐狸庵VSマンボウ』という対談本も出している。

遠藤は一九六〇年代初頭に大病を患い、その療養のため町田市に転居してからは「狐狸庵山人」の雅号を名乗り、ぐうたらを軸にしたユーモアに富むエッセイを多く手掛けたが、純文学作家として日本人とキリスト教を主題にした作品を多く執筆し、代表作に『沈黙』、『海と毒薬』、『侍』、『深い河』などがある。

生まれは東京だが、三歳から一〇歳までを満州で過ごし、両親の離婚により帰国。一二歳の時に伯母の影響でカトリックの洗礼を受けた。灘中学卒業後浪人生活一年を経て上智大学予科に入学したが、翌年には中退。一九四三（昭和一八）年慶應義塾大学文学部予科に入学、さらに同大学仏文科に進み、四八年三月に卒業している。徴兵検査は第一乙種であったが、肋膜炎のため召集延期となり、入隊しないまま終戦を迎える。戦争中は勤労動員で川崎の工場に通ったり、焼け出されるまで一時期カトリックの学生寮に入ったり、苦労を重ねた。

一九五〇（昭和二五）年に戦後初の留学生としてフランスへ留学。リヨン大学で学ぶが、五二年夏に肺結核を起こし、ローヌアルプスにある国際学生療養所やパリのジュルダン病院に入院した。

病状の悪化で二年半の留学生活に見切りをつけ、博士論文の作成を断念、五三年二月帰国した。帰国後活発な文筆活動をはじめ、五五年には芥川賞を受賞するなどその後の活躍はよく知られているところだろう。

『沈黙』は、江戸時代初期のキリシタン弾圧の渦中に置かれたポルトガル人司祭を通じて、神と信仰を描いた小説である。発表された際にはキリスト教関係者、信者たちから批判もされたが、今日では戦後日本文学の代表作として高く評価されている。一三カ国語に翻訳され、遠藤はノーベル賞の候補者にもなった。ポルトガルとも縁の深いグレアム・グリーンをして「遠藤は二〇世紀のキリスト教文学で最も重要な作家である」と言わしめたという。遠藤はフランス文学を学び、フランス留学をしているが、ポルトガルと切っても切れない重要な作家というべきであろう。

『沈黙』はポルトガル人の若きイエズス会司祭であるセバスチャン・ロドリゴが主役である。恩師であるフェレイラの日本での棄教の謎を追うため、日本にキリスト教の灯を絶やさないようにするため、日本へ向かう。しかしマカオで出会い、日本潜入の手引をしてもらったキチジローの裏切りで長崎奉行所に捕らえられ、信仰を続けるか棄教するかと問われる。悩むロドリゴに神は沈黙している。この重い選択がテーマである。モデルとなったのはイタリア出身の実在の神父ジュゼッペ・キャラで、棄教後に岡本三右衛門の名を与えられ、江戸小石川小日向の切支丹屋敷で生涯を終えている。

元ポルトガル大使アルマンド・マルチンス氏と遠藤は、大使夫人が私に語ったところによると、渋谷区でご近所付き合いする仲のよさだったという。『沈黙』発表の翌六七（昭和四二）年八月同大使の招待で遠藤はポルトガルに行き、南部のアルブフェイラで行われた聖ヴィンセントの三百年祭で記念講演をし、リスボン、パリ、ローマを廻って、帰国している。帰国後遠藤はポルトガル旅行の随筆を書いている。そのなかで一六、一七世紀に「三年も四年もかかって小さな南蛮船に乗り、波濤万里、文字通り辛酸をなめつつ我が国にやってきたポルトガル人たちの国がいつか見たいとおもった」と心の内を明かしている。

さらに『沈黙』の主人公は最後に転んだが、『ポルトガル紀行』では、「カルヴァリオ・ヴィンセント神父はイエズス会の司祭で、寛永八年（一六三一年）に当時の奉行竹中重次に捕えられ雲仙の温泉丘で悽惨な拷問を受けた七人のひとりだった」、「焼けただれた体の苦痛に負けず、最後まで棄教を拒み続け」、「長崎につれ戻され、その翌年、火あぶりの刑に処せられた」、「ヴィンセントがその強さのゆえにアルブフェイラの町人からなお尊敬を受け、その祭りをやってもらっている」と説明し、遠藤は「町長をはじめ町の人から厚いもてなしを受け」、町でただ一つの映画館で「日本の切支丹について演説をさせられ」、「ポルトガル語を知らぬ私は仕方なくフランス語でしゃべった」、「このため私はポルトガルが更にもっと好きになったのである」と締めくくっている。

遠藤の数々の受賞や勲章をあげると切りがないが、一九六七（昭和四二）年のポルトガル訪問の際「騎士勲章」を受章した。六九年には『定本モラエス全集』（花野富蔵訳）が集英社から刊行されたが、その編集に志賀直哉、井上靖、佃実男とともに加わり、四人はポルトガル政府から「インファンテ・ドン・エンリケ勲章」を受章している。なお遠藤は一九七〇年には大阪万博の基督教館のプロデューサーの一人としてローマ法王庁からシルベストリ勲章を受章している。

遠藤は一九九六（平成八）年、七三歳で没したため、たった一度しかポルトガルの地を踏んでいないが、ポルトガルへの傾倒ぶりから体力と時間が許せば二度行くことを考えていただろう。

（引用は『ポルトガル紀行』から）

阿川弘之、北杜夫と遠藤周作の三人は一九七五（昭和五〇）年には日本航空の招待で、ロンドン、フランクフルト、ブリュッセルを廻り、在留邦人向けの講演をするなど親しい友人同士である。阿川は帝国海軍であるのでイギリス風、北はトーマス・マンにあこがれたドイツ風、遠藤は仏文の留学生であるが、三者三様にポルトガルと縁のある文人たちである。

『街道をゆく23　南蛮のみちⅡ』　司馬遼太郎　一九八四（昭和五九）年

歴史文学の司馬遼太郎は一九八二（昭和五七）年九月から一〇月にかけフランスとスペインにまたがるバスク地方、マドリッド、ポルトガルを旅している。「南蛮のみちⅡ」は前半がマドリッド、後半がポルトガル紀行である。ポルトガルへはリスボン特急でマドリッドから入り、リスボンではジェロニモス修道院、ベレンの塔、海洋博物館、アルファマ地区、サン・ジョルジュ城などをまわり、最後にサグレス岬まで足を延ばしている。随所に司馬の歴史観が出ているので刺激的である。

マドリッドのアトーチャ駅からリスボンに向かうが、阿川弘之氏のようにメカに詳しくないと断りつつ、「自重の重そうながっちりした車体に、大西洋をあらわすかのようなブルーが塗られ、メセタのような黄土色の横線が一条走っている。車内に入ると、あかるいマホガニー色に統一されている」と好印象をもったようだ。これから行くポルトガルに「光明を感じ」、「リスボンの河口港の沖で大西洋を見ることによって」気分が晴れるだろうと期待を膨らませる。車中ではポルトガル語は多くの人口に話されている世界語であり、戦国期に日本語に取り込まれた単語も多い、国境駅の駅舎が絵タイルに覆われているところから、呉須、染付、コバルトの話をし、ポルトガルのアズレジョは具象画であり、イスラムとも、スペインとも違うなど話は縦横に飛ぶ。

ジョアン一世やエンリケ航海王子の頃からポルトガルは海外へ飛躍し、ジョアン三世（一五〇二〜五七年）の時代にはフランシスコ・シャビエル（ザビエル）をアジアへ送った。司馬は「ポルトガルは申し分なく発展したが、どういうわけかその治世から衰退にむかった」といわれていると紹介する一方で、「しかし彼のやり方が悪かったのでなく、この辺りが小国のポルトガルの限界」、「歴史の限界」と論じ、「近・現代でこそ、ビジネスというものがあって、世界資本が巨大なビジネスというものを駆使して企業を運営しているが、一六世紀、独裁王が、ろくな下僚も、ビジネスの思想や技術も持たずに、大植民地を運営し維持したというのは、よくやったと言ってよい」との歴史観を述べている。重要な指摘である。

リスボンに入ると、明治末年いわゆる南蛮詩を書いた木下杢太郎を論じる。杢太郎は森鷗外を敬慕した医学者で、ハンセン病の世界的権威であった。一九二一（大正一〇）年から三カ年のフランス留学の際にスペイン・ポルトガルに旅行し、『えすぱにあ・ぽるとがる記』を一九二九（昭和四）年に著した。杢太郎がその中で「大航海時代を思い起こさせる外看がない」と述べていることを記し、どうやら杢太郎はジェロニモス修道院のことは何ら関心を示さず、アジュダ宮殿の文庫で珍本を見ていたということを紹介している。

したがって司馬は杢太郎が当時のポルトガルに馴染めなかったとし、さらに日本における庶民のアジア的なものやポルトガルにあるアジア的なものについて考えをめぐらせ、杢太郎の馴染めなかったアジア的なものはもっとアジア的である司馬にとっては快感であるとまで述べ、また「檀一雄のように人なつこい詩人気質の人がこの地を愛し、長く住んでいたのも当然だと思っ」たと論じている。

司馬は「ポルトガルへ来たのは、信じがたいほどの勇気をもって、それまでただ空しく水をたたえていた海洋というものを世界史に組み入れてしまった人々の跡を見るためであった」として、ジェロニモス修道院やベレンの塔に見入る。ジェロニモス修道院の「皮膚色の大理石は」「うすぎぬを透した女性の肌をおもわせるようにうつくしい」、ベレンの塔は「水中の岩礁に美しい大理石の塔が建っている」、「この塔に感ずるものは、冷たい力学でなく人格であり、それも女性を思わせる」と紹介している。そのうえで海洋発見記念碑や海洋博物館を見てはポルトガルの海への発展方針を述べ、「要するに、アヴィス王朝の創始者ジョアン一世は、海商を中心とするリスボン商工業者のおかげで王位についた」、「王国とは言い条、実質は海商政権だった」、「中世の堺が、独立国家になったことを想起すればよい」と当時のポルトガルを論じている。そんなわけで、司馬は「スペインは軍事的貴族の国であり、ポルトガルは町人の国であった」と結論づけている。また、大阪湾の湾頭に建つ大阪城は、秀吉がリスボンの立地条件にならったものであり、南蛮風の築城法も加味されて建てられたものと言っている。関西、大阪を根拠地として活躍した司馬の立ち位置、見方が十分に披露されている。

詩人のルイス・デ・カモンイス、ペソアやモラエス、映画監督のパウロ・ローシャなどを論じ興ずるかたわら、「銀座の風月堂を思わせるペスタリア・ベレン」でパステル・デ・ナタをいただきつつ、「リスボンには魅惑的で広大な世界の雰囲気」があると感じ、多様な人種が「明るい表情をして暮らしている町こそ、世界感覚のある町と言うべきだろう。くろぐろと一民族で構成していて、何代も住む在日外国人をさえ特別な法的措置をしている東京や大阪というのは、本当の意味での世界性を身につけて行けるのだろうか」と日本の在り方にも迫っている。

ポルトガルは「常春といってよい、太陽がぞんぶんに照っている」、「当地の人々は秋が特に良いという」と述べ、「宿のまわりを散歩すると、やわらかくて光るような海風が身をつつみこんできて、余生を暮らそうかという思いがしきりにした」と、司馬が思想も立ち位置もまったく違っている三島と同じことを言っているのも面白い。日本の文人たちはポルトガルへ行くと同じような感慨を持つようだ。

司馬遼太郎は一九二三（大正一二）年大阪市生まれで、大阪市で市立小学校、私立中学校に通ったのち、旧制高校の受験に失敗し、大阪外国語専門学校に一九四〇（昭和一五）年に入学、蒙古語専攻となる。四三年には陸軍の戦車連隊へ入り、翌年には満州の戦車学校に学び、終戦は栃木県佐野市でむかえ、当時陸軍少尉だった。復員後新聞記者として生計を立て、一九五五（昭和三〇）年『梟の城』で直木賞を受賞、その後新聞記者を辞め、執筆に専念した。代表作に『竜馬がゆく』『燃えよ剣』『国盗り物語』『坂の上の雲』など多くがあり、戦国・幕末・明治を扱った歴史文学作品が多い。七二(昭和四六)年から紀行随筆『街道をゆく』を週刊朝日で連載した。『街道をゆく』は書籍化され、四三巻にまとめられた。アジア以外の外国紀行は「南蛮のみち」の次は「愛蘭土紀行」Ⅰ、Ⅱ、「オランダ紀行」と「ニューヨーク散歩」とわずかである。取り扱っているポルトガル、スペインとオランダ、ベルギーは日本との歴史的かかわりの濃かった国々であり、アイルランドはヨーロッパの先住民であるケルト人の国として司馬が興味を覚えた国であった。紀行先にも司馬のユニークさが際立っている。一九八一(昭和五六)年に日本芸術院会員、一九九一(平成三)年には文化功労者となり、九三年に文化勲章を受章している。残念ながら一九九六(平成八)年七二歳で亡くなった。

(引用は『街道をゆく23　南蛮のみちⅡ』から)

第二章　ポルトガル本（南蛮時代もの）を読む

ポルトガル本は比較的少ない方であるが、やはりそれなりに多数出されているので、手ごろな、短めのものでポルトガルを知るに有用な文庫本などをここでは紹介しよう。ポルトガルは種子島での出会いというだけでも十分にロマンであり、多くの作家を引きつけ、書かせているといえよう。いずれの時代のものも面白いから、ポルトガルに読者も引かれるのだ。書評の順は特に厳密なものではないが、対象とする時代を考慮したものとした。

『リスボアを見た女』　阿刀田高　一九九五（平成七）年

リスボアを見た女っていったいどんな人だろう。その昔日本人の女性でリスボアを見るということはほとんどなかったはずと思うからだ。

主人公の野々村は、中学時代の夏休みの登校日に、理科の先生に鉄砲の伝来の講話を聞き、当時の日本では鉄の筒を作ることはできたが、ネジで筒の底を塞ぐことができなかったと教わったことを思い出す。また野々村の憧れていた同学年の女学生育子が同じ講話を聴いていたことも回想する。

印刷会社に勤める中年の男となった野々村は久しぶりに取れた休暇に種子島、鹿児島、山川を回る一人旅に出る。友人の笠井に連絡したところ、種子島では笠井の教え子の女子大学生が案内してくれることになり、鉄砲館、若狭公園、門倉岬を回った。

鉄砲館ではビデオを見て、種子島が海底から隆起したことや、季節風の吹く方向とか、さらには島の北端が日本の稲作の発祥の地であることなどを学び、さらに鉄砲伝来のジオラマに見入る。そのストーリーは、一五四三（天文一〇）年八月二五日島の南端、門倉岬の沖合に船が流れつき、そこには二人のポルトガル人が乗っており、彼らの持つ鉄砲を領主の種子島時堯が買い取り、刀鍛冶の金兵衛に同じような銃を作るように命じたが、ネジの作り方、ネジで筒の底を塞ぐ方法が分からず、それを見かねた娘の若狭がポルトガル人の妻となってネジの作り方を習い、父に教え、国産の銃が作られ、全国に瞬く間に広まったという周知のものである。

ここで「若狭姫の墓地には忠孝碑の三文字が刻まれている」けれど、当時南蛮人に「嫁ぐという言葉より人身御供という表現の方がはるかに適切だったかもしれない」、南蛮人という「怪物に捧げられる生贄の様に恐ろしいことだっただろう」、当時の航海者は「命知らずの冒険家であり」、「目的は金と女」と「考えた男がいたとしても不思議でない」などと、鉄砲製造の秘法と女性についての阿刀田高氏の考えが述べられている。

阿刀田は親切にも種子島と鉄砲にかかる文献を紹介してくれる。たとえば鉄砲伝来を記した『鉄砲記』は薩摩の僧南浦分之《なんぽぶんし》が種子島時堯の顕彰のために書いたもので、刀鍛冶は八板金兵衛、黒色火薬を作ったのは篠川小四郎であったなどと解説してくれる。またポルトガル側は今も種子島漂着は一五四二年と思っているが、それはアントニオ・ガルワンの「新旧世界発見史」によるもので、日欧の学者の研究により一五四三年が正しいとわかったと教えてくれる。

次に野々村は娘の名前のつけられた若狭公園をまわり、付近で鍛冶屋の作る鋏を買い求める。物語にはないが、明治の廃刀令の後刀鍛冶は仕事がなくなり、数も急に減ってしまったが、明治以降は種子島名物の鋏を作ってきたという。買いもとめた後、ドライブして門倉岬に着く。鉄砲伝来の記念碑、ポルトガル海軍の建てたポルトガル船漂着の記念碑を見て、その先に広がる東シナ海を一望する。はじめて種子島に行く人々にとってはこの部分はガイド風であり、行ったことのある人々にとっては簡明なおさらいである。

第一日は種子島南端のリゾートホテルに泊まる。鉄砲館で見た若狭姫の絵が育子に似ていると思っていたところ、の野村はその夜の夢に「和服のような、洋服のような、奇妙な衣装をまとった娘」、育子とも若狭姫とも見える娘をみる。

翌日は種子島の東海岸を回り、種子島空港から鹿児島に向かい、笠井と落ち合う。酒を飲みつつはじめは鉄砲の話をしているが、途中から天正遣欧少年使節と支倉常長の話になる。いずれも往復八年かけてヨーロッパまで行ったことを二人で議論し、あれこれやり取りを楽しむ。この辺りは日本とポルトガル、スペインの交流の初めについての手軽な紹介となっているので、歴史を敬遠する方や初めての方には大まかな歴史の案内ともなっている。野々村は「どうして若狭なのか」「種子島に縁の薄い名前」と言っても、郷土史家の笠井は「そんなことわからんよ」との返事で終わる。

第三日目は薩摩半島の南端の指宿市の山川港へ行く。山川はその昔遣唐使が東シナ海を渡るための港だったし、中世から近世にかけては中国の海賊船、倭寇の船やポルトガル船の入港した港である。ここで話は不思議な展開になる。山川へ向かう汽車の中で見知らぬ男から天正の少年たちより前にヨーロッパに行って、この本のタイトルであるリスボアを見た女がいたことを知らされる。その女は「はな」といい、付近の鰻池にはなの墓があるという。宿に着いてから仲居とあれこれ話しているうちに「鉄砲の作り方を教えてもらうために」「南蛮人に渡された」はなが「日本人として初めて西洋を見て帰ってきた」という地元の昔話があると聞きだす。その夜野々村は「私はこの目でリスボアを見たのよ」と言う女を夢の中に見る。翌朝起きると早速地図を頼りに鰻池に向かい、池からさらに山に入ってゆくと、墓石らしい石を見つけ、合掌して帰ってくる。

主人公の野々村にとっては、この物語の冒頭に出てくる鉄砲の話を一緒に聞いた、淡い恋心にときめいた相手である女子中学生の育子、種子島の鉄砲作りに欠かせない若狭と、最後に出てくるリスボアを見たという鰻池のはなの三者がオーバーラップしている。ある時は育子のことを思い、ある時は若狭、はなと話をするといったタッチとなっている。エピローグではリスボンまで行ったというはな（ポルトガルではアンナと呼ばれる）に「金色の町が見えてきたわ。あんな美しい都はどこにもないわ」、「教会の高い塔、窓をたくさん並べた宮殿、鐘の音も聞こえたわ。知らない花の匂いも飛んできたわ」と喋らせている。

著者の阿刀田高氏は二〇〇七（平成一九）年から一一年まで日本ペンクラブ会長を務めた大物であるが、一六歳のとき長岡市で鋳物工場を経営していたエンジニアの父を亡くし、貧しい母子家庭で苦労して育ったという。また学生時代には結核を病んで休学し、一六カ月間の療養生活を送ったこともあった。一九七九（昭和五四）年短編『来訪者』で第三二回日本推理作家協会賞を受賞、同年短編集『ナポレオン狂』で第八一回直木賞を受賞。一九九五（平成七）年には『新トロイア物語』で第二九回吉川英治文学賞を受賞するなどその実力はよく知られている。そんな著者の『リスボアを見た女』では鉄砲とネジの話、種子島案内、日葡・日西交流などいろいろ教えてくれるうえに、育子、若狭、はなの物語を楽しめる。

『ザビエルの海』　宮崎正勝　二〇〇七（平成一九）年

日本人なら誰でも知っているザビエルであるが、どうして『ザビエルの海』というタイトルなのだろうか。そうだ、ポルトガルは海の王国と呼ばれ、トリデシリャス線（一四九四年の条約でポルトガルとスペインが世界を二分割した子午線、東経四六度三七分のこと）より東側の海域を支配した王国であり、この書はポルトガルの政策とザビエルのアジアでの行動の関係について詳述したものである。また、ザビエルの書簡集からザビエルのその時々の考え、希望などが述べられた部分を引用し、ザビエルの立ち位置がよくわかるように書かれている。

ザビエルはバスク人で、バスク王国がスペインにおける争いに負けたのち、学問で生きていくことを考えパリへ向かった。そこでイグナチウス・ロヨラに会い、イエズス会を結成したことは周知のとおりである。ポルトガル国王ジョアン三世は「たが」がゆるんでいた海の王国をたてなおそうとインド（つまりアジア）に送る宣教師の派遣をローマ法王庁に頼んだ。ポルトガルの海の王国は地中海でヴェネチアやジェノアが構築した商業圏と同じで、要地に配した城壁、商館を武装艦船で維持するという不安定なものだったから、強い意志と実行力のある宣教師を必要としたのである。

イエズス会士の中で結局ザビエルがインドへ行くことになる。ローマ教皇からは「紅海、ペルシャ海、大海の島々、またインドではガンジス河両岸、よい希望の岬と呼ばれる岬の向こう側の地」の教皇代理人という高い地位を与えられた。ザビエルは一五四一年四月リスボンを出発し、モザンビークでの越冬の後、インドには四二年四月に到着した。ザビエルは同年九月にはロヨラあてに地獄の航海とゴアの状況を報告している。共に到着したマルティン・ソウザ総督がインド東海岸の支配を回復すると、ソウザに頼まれ、ザビエルは布教の最前線に出かけた。集団的改宗はあったものの、三九歳のザビエルには疲れ果てた布教だったようだ。三人のイエズス会士がインドに到着すると、ザビエルはマラッカ、マカッサルを目指すことにした。

一五四五年にはマラッカにいたり、三ヵ月半滞在した。マカッサルからの情報が来ないのでマカッサル行きをやめ、宣教師の不足しているモルッカ（香料）諸島へ行くことにした。モルッカ諸島の入り口のアンボイナ島からザビエルはジョアン三世あてに「要塞のポルトガル人は物質的利益のみを求めて異教徒と商取引を行っているため信仰心が薄い」などと指摘している。その後テルナテ島、モロタイ島を回り、土民は野蛮で、読み書きを知らず、毒矢で殺しあっているなど危険が多く、布教は見るべき成果に乏しいとして一年半の滞在でマラッカに帰着した。

一五四七年一二月マラッカで四二歳となっていたザビエルはポルトガル商人ジョルジュ・アルバレス（マカオに航海した同名の人物とは別人）と鹿児島出身のアンジロウに会い、日本という新たな土地へ向かうことを決心する。とにかく、そのため一度インドに戻り、準備することになる。ゴアで新任のガルシア・デ・サ総督に意向を伝え、ポルトガルの東方への拡大につながるとザビエルへの支援が約束された。ザビエルはジョアン三世にあて、インドでは布教が実現する「見込みは全くありません、日本へ脱出します」と述べ、ロヨラには「ポルトガル人は海上と海岸を支配しているだけで、（インド人は）聖なる信仰に少しも心を傾けない」、南シナ海、東シナ海を越えていくことは「危険だが、日本に行くことをやめない」との決意を書いている。

一五四九年四月ゴアを出て、マラッカを経由して日本に向かった。実際マラッカから日本へ行くには用船にしても航海にもたいへんな苦労があった。ザビエルはゴアの宣教師あてに「悪魔もその手下たちも私たちの渡航を妨げることはできませんでした」と書いている。

運よく鹿児島に一五四九年八月一五日に到着した。藩主島津貴久に布教の許しをもらい、ザビエルは約二年鹿児島に留まる。ゴアのイエズス会士にあて、鹿児島では「市長も主だった市民たちも、誰も彼も私たちを本当に心から歓迎してくれました」と感銘を受けた旨書いている。これまでのインドや東南アジアでは歓迎されることはなかったからであった。また鹿児島からゴアのゴメス神父にあてられた書簡には「堺にポルトガル商館を設けたら良い」、「ミヤコから二日間の行程の堺の港においてたいへん高価に売れる商品リスト」を送ります、「来る船は荷物をすべて載せて四月にゴアを出発し、マラッカで必要な食料を積みこみ、六月には出帆しなければなりません」、「中国に寄港しなければ四カ月半で日本へ到着できる」と書き、「堺にイエズス会を仲立ちとする交易の場を建設する」ことを提言している。

鹿児島では大事にしてもらっていたが、ミヤコ（京都）まで上り、天皇から布教の許可を得たいザビエルは、一五五〇年ポルトガル船が入港するという口実で平戸へ行く。トーレス神父に平戸を任せると、山口に二カ月滞在の後、堺経由で五一年一月ミヤコに入る。しかし天皇には謁見できず、応仁の乱で無政府状態だったミヤコに落胆して、一一日間の滞在で去る。

ザビエルは戦略を立て直さなければならなくなった。再び山口に戻り、大内義隆へ謁見を果たし、布教の許可を得る。山口に四カ月滞在の後、大友好鎮（のちの宗麟）に招かれ、大分に向かい、ザビエルは大分でも布教の許可を得る。こうして平戸、山口、大分での布教の見通しが立った。日本でのモデルは大名など在地の有力者のカトリック化に努める新しいものである。これはこれまでのザビエルが訪れた地域での城塞、商館と武装艦船による布教と違うものだった。

いったんインドに戻ることになるが、途中で冒険商人ディエゴ・ペレイラに会い、中国布教の端緒を作りたいとの考えが生まれてきたという。ザビエルは「中国の国王のいる北京に行きたい。主なるイエズス・キリストの教えを大いに広めることができる国だからです」、そうすると「日本で信じられている（仏教）諸宗派は中国からの影響を失い不信を抱かれるでしょう」と書き、中国布教が日本布教を進めることにつながると考えていたようだ。

ガーゴ神父を代わりに日本に派遣し、ザビエルはインドを出発し、マラッカ経由で中国に向かった。広州沖合の上川島に滞在し、中国国内へ向かう準備中の一五五二年一二月に四六歳で永眠した。遺体はその後ゴアへ搬送された。実はザビエルの死を知らずにロヨラは「ザビエルにローマにもどって、自分の後を継いでほしい」との書簡を出していたという。

著者の宮崎正勝氏はなぜザビエルが中国布教に関心を持ったかについては岸野久の研究を引き、「漠然とではあるが、中国への布教の構想が来日以前からザビエルの胸中に秘められていたのではないか」という説を支持している。本来この点はもっと探求すべきであり、日本各地で論争した仏僧や一般市民から、中国でもキリスト教は広まっているのか、と宣教師は必ず聞かれたということをもっと紹介してもよかっただろう。また日本人は中国の生糸、絹織物などを欲しがり、中国（明）は日本の銀を必要としていたが、そのような経済事情がザビエルや宣教師たちにどの程度理解されていたかも重要な点であろう。

ザビエルのことは宗教がからむので深い考察を行うことがなかなか難しい。宮崎はポルトガルの政策、当時のアジアの状況、日本の状況を踏まえ、世俗的に海の帝国とザビエルを論じており、類書にない優れた分析というべきである。著者は一九四二年生まれで、前近代の文化交流の研究に秀でている者で、北海道教育大学教授などを務め、テレビ、ラジオではＮＨＫの世界史講座の講師で有名である。『鄭和の南海大遠征　永楽帝の正解秩序再編』、『海からの世界史』など優れた書をあらわしている。

（引用は『ザビエルの海』から）

『南蛮医アルメイダ―戦国日本を生き抜いたポルトガル人』　東野利夫　一九九三（平成五）年

この本は医者であり文筆家である東野利夫氏が精力的に調べあげたうえで、九州の大分に西洋式病院を開き、戦国日本を生き抜いたポルトガル人南蛮医ルイス・アルメイダの生き様を記したものである。福岡に住む東野はアルメイダの人生を追い、大分に何度も足を運ぶほか、インドのゴアにポルトガル式病院跡を訪ねたり、一五五五年平戸発の書簡から一五七八年薩摩発のアルメイダ書簡まで、一八通の書簡を丹念に調べている。

東野利夫は一九二六（大正一五）年生まれで、一九四五（昭和二〇）年四月に九州帝国大学医学部に入学、一カ月後には九州大学生体解剖事件を医学生として目撃している。一九五〇（昭和二五）年に大学卒業後、同大の産婦人科教室・解剖学教室に入局したが、一九五八（昭和三三）年には福岡市内に産婦人科病院を開業し、母乳主義を表明したり、がん患者に対するアロマ・セラピーを提唱するなど有名な人物である。日本ペンクラブに所属する東野は『汚名　九州大学生体解剖事件』、『南蛮医アルメイダ　戦国日本を生き抜いたポルトガル人』、『臨終の雪　究極の美を求めた藤原俊成の生涯』などを著している。

ルイス・アルメイダはリスボンの裕福な家に生まれ、医師の免許を得ていたうえ、貿易に従事してゴアや東南アジアで莫大な財を蓄えていた。三〇歳直前にイエズス会に入会していた。その後まもなくの一五五五年アルメイダは平戸に上陸し、直ちに平戸から豊後府内（現・大分市）に入った。そこでアルメイダは大友宗麟に出会う。東野は宗麟とアルメイダとの間に貿易をこえた深い心の交流があった、この人間関係が府内病院設立に大いに関係があったし、アルメイダが府内病院から離れた後も続いたとして、それを明らかにしてゆく。

まず『南蛮医アルメイダ』は大分の位置づけを明らかにする。ミヤコを退き山口へ戻ったザビエルに大友宗麟からポルトガル船が大分に着いたとの書状が届き、急いで駆け付けたザビエルは宗麟と会った。ザビエルは「大友殿は私をきわめて親しく迎え、私は同地に着いたポルトガル人たちと交流を行い、大なる慰安を見い出した」と書簡に書いている。一方、「人生の深淵に迷い込み人間不信に陥っていた弱冠二一歳の豊後領主、大友宗麟は」、「功利攻略を全く離れて、神のためそして他者のため生命をかけている聖者の真摯な姿に生まれて初めて出会った驚きと感動」を覚えたという。ザビエルが去った翌年には日本伝道の特命を受けた宣教師のガーゴ、アルカセバとポルトガル商人らがポルトガル船で大分に着いた。以後大分にポルトガル船がたびたび入港することとなった。山口が混乱すると日本布教の本部が当然のことながら大分に置かれた。

アルメイダはその大分で布教活動を熱心に行う。布教を行っていくうちに、当時の日本では飢えと貧困のため、嬰児殺しが行われていることを知る。するとアルメイダは孤児の収容施設を作り、ついで貧者たちの病院を作った。もっとも物事は簡単に進んだわけではなく、アルメイダは施設建設を思い立つと、まず大分に引っ越ししてきた日本布教長のトルレス師を説得し、トルレスが大友宗麟を説得するところから始まった。領内が不安定で、仏教勢力と結びついた家臣も多かったものの、一五五六年のキリスト降誕祭の行事が終わってから病院建設工事が始まり、翌年二月ごろ病院開設になったという。私財を投げ出して病院を作り、人々を救いたいというアルメイダの心が宗麟にまで届いたのだった。

アルメイダ書簡などから東野はこの間の事情を探っている。「府内の惨状を見るに及んで、あまりの貧民のあわれさに病院の創設を決心しました。しかし一商人であった私をこのようにさせたの

大分市・遊歩公園の西洋医術発祥記念像。中央がアルメイダ

は、フランシスコ・ザビエル師との邂逅が起因しています」、「インドのゴアから国際貿易港マラッカに着き、そこを拠点として南方のモルッカ諸島」にわたり、「労せずして莫大なグローブを獲得し」、「私は気が遠くなるほどの莫大な財産を蓄えることができました」、「ザビエルさまは金銀にはそれ自体に罪はない。悪人にとっては災いのもとともなるが、善人にとっては善行の種ともなると申されました」とアルメイダはその心情を語っている。

一方で病院が建設され、運営も進み、領内の人々が病院に列をなすようになった頃、宗麟はアルメイダの病院や住院を訪れている。「大友の王は」、「わが住院に来たりて晩餐をなし、我ら並びに滞在中のポルトガル商人らにより大いに歓迎を受け、晩餐後、住院並びに会堂を見て大変喜び、説教を聞き、いろいろ質問した」という。宗麟とアルメイダは打ち解けた関係に進む。

つぎに東野はたいへんな努力をして病院の所在

地などをつきとめて行く。何度も大分に足を運び、大分の旧家にある豊後府内古絵図を見せてもらうことに成功し、現代の地図と比較するなどして日本で初めての洋式病院、府内病院は現在の大分市顕徳町二丁目付近にあったことを明らかにし、さらに府内病院の敷地面積、病院の規模、外観を探り、病院施設は元大友屋敷で、内科、外科、癩科（現在のハンセン病）などの治療棟と入院棟などを推定する。

さらに東野は洋式病院がどのように運営されたかを探るため、インドに飛び、ゴアのピルカニにあったと思われるイエズス会運営のポルトガル王立病院の調査をする。なかなか調査は進まなかったところ、とうとうゴアの公文書館長が「ゴア王立病院における医療管理体制」という論文を見つけてくれた。帰国後この論文を手掛かりに、府内病院の日課の再現を試みる。早朝のミサ、午前の回診（内科病室、外科病室、癩舎の回診）、外来診察、正餐（午前一〇時過ぎ）、黙想（正午ごろ）、午後の回診、夕のミサ、夕餐（日没ごろ）、夕の祈り、就眠などのスケジュールを病院経営者の経験から推定する。

さて、宗麟は山口の毛利氏や九州内の大名との戦いも続ける一方で、足利将軍家へ金品を上納したり、工作したりする。宗麟のお陰で病院を設けることができたことからアルメイダは私財も投入し、ポルトガル船の府内入港をゴアに求めるなどして、宗麟を支援する。一五五九年には宗麟は九州探題職に就き、万事うまくいくと思われていた。

ところが突然府内病院は閉じられることになった。ローマのイエズス会本部から「医療禁令」が発せられた。これは一五五八年の最高宗門会議で決議されたもので、聖職者の地位にあるものは人間の生命に直接かかわる医療施術、生死の判決にかかわる裁判官の職についてはならないという考え方に立っていた。一五六〇年には通達が日本に届いた。東野は「アルメイダがどのような心境でこの禁令を受け取ったかその記録はない」と淡々と記している。大分の旧家を訪ねたり、ゴアまで調査をしてきた東野こそその心のうちを最も知りたかったであろうことがうかがわれる。

アルメイダとイエズス会士は府内病院から退き、日本人医療従事者に任せたが、病院は次第に衰退していったという。そのためか日本初の洋式病院についての記録が極端に少ないということになってしまった。したがって医師アルメイダの病院運営とのかかわりは日本上陸後の五年間にすぎないこととなってしまったが、日本の医療の進展にアルメイダの果たした功績はたいへん大きなものである。周知の通り、大分の医師会立病院は彼の名誉をたたえアルメイダ病院と命名されている。

そのようなアルメイダの後半生を東野は追う。アルメイダは開拓伝道師として一五六一年から布教長のトルレスの指示で肥前の度島、生月島、薩摩で布教、その後肥前の横瀬浦（西海市）に布教本部を移転させる際はアルメイダが領主の大村純忠と事前の交渉をし、決まると大分に戻って移転に機嫌を損じないよう宗麟を晩餐に招待するなどの活躍だった。そして横瀬浦を起点として島原、口之津（南島原市）で布教していたが、大村領は内外ともに不安定で、一年もたたないうちに横瀬浦は焼き打ちにあって、宣教師らも危ないところだった。そこでアルメイダは宗麟にトルレスの庇護を依頼している。アルメイダはビジネスライクに物事を進めるとともに、病院を離れ大分を離れても宗麟を大事にする。

一五六五年になるとトルレスからアルメイダと日本に到着したばかりのルイス・フロイスは畿内

の布教状況を調べることを命ぜられ、五カ月間京、奈良、堺の巡察をしている。その際も宗麟の推薦状をもらって近畿に向かい、安全を確保した。アルメイダとフロイスは帰路大分の臼杵に寄り宗麟に礼を述べてから、トルレスに報告している。その間もポルトガル船が入ると、アルメイダは宗麟や布教に協力してくれる大名などに配慮して武器や財貨の売却をしたという。

翌六六年には五島に派遣され、布教できるよう折衝するとともに領主の治療にあたっている。そして口之津に戻ってからは志岐（長崎県）、天草（熊本県）で布教、さらに処女地長崎の布教にあたった。天草領主はアルメイダが宗麟の書簡を取り寄せて見せたことに驚き、布教に協力したなどの話が紹介される。その忙しい間にも大分の臼杵の教会堂の落成式に参加したり、宗麟との関係を引き続き維持していた。

一五六九年には宗麟と毛利氏の決戦となり、アルメイダは大友本陣を訪ねたり、宗麟のための火器弾薬調達の仲介もしている。また翌七〇年には布教に協力している大村領へ大友軍が侵攻しないよう根回しするためにアルメイダが急ぎ豊後日田へ行って、宗麟を説得したこともあった。アルメイダは書簡の中で宗麟は「私が面会に来た目的を聞き、そんな些細なことのためこの寒さの中、わざわざ日田まで……と憐れむ様子でした。私は本当に久しぶりで父母の家に戻ってもうけられないような大歓迎を受けました」と書いている。親しいながらも礼節を守るアルメイダとこれを心から受け止める宗麟との間柄がわかる。

一五七〇年央に新布教長カブラルが日本に到着したころには、アルメイダは有間（南島原市）、天草を布教していた。一五七七年にはカブラルの命で薩摩へ赴き、山川港地域の布教にあたった。

翌七八年の島津との対決のための宗麟の日向遠征にはアルメイダは病状をおして、カブラルらとともに大友本陣の無鹿へついてゆくが、大友勢の決定的敗北となってアルメイダもほうほうの体で豊後に戻ったという。これ以降大友宗麟の力は弱まっていった。

巡察使のバリニャーノが一五七九年に到着し、日本での布教状況が検討されると、前年の宗麟の敗北により、豊後のみならず九州全体が混乱してしまったので、窮状を打開するためアルメイダら四人の修道士を八一年初めにマカオへ送り、約半年の研鑽により司祭に昇任させた。バリニャーノは新布教長にコエリョを指名し、日本に帰国したアルメイダを天草全島の責任者に任じたのち、遣欧少年使節を連れて、一五八二年二月日本を発った。

かなり衰弱していたものの、アルメイダは天草で布教活動を続けていたところ、とうとう八二年一〇月天草で五八歳でなくなった。東野の計算によると、アルメイダは布教のための九州全域あるいは畿内への巡察行などにより二万一千三百キロを踏破したという。アルメイダの力の入れた島原、天草は信者が多く、江戸時代になり島原の乱などの発生したところでもあった。

東野利夫は日本初の洋式病院の概要を明らかにしたのみならず、その後の二〇年余のアルメイダの活躍を明らかにしてくれた。宗麟とアルメイダの利害関係だけでなく、両者のケミストリーが合ったことも明らかにしてくれた。

（引用は『南蛮医アルメイダ』から）

『わが友フロイス』　井上ひさし　一九八三（昭和五八）年

ルイス・フロイスはポルトガル人宣教師で、日本のことを調べ、記録し、『日本史』を著したり、信長や秀吉に会ったことでも有名である。さぞ規律厳しきイエズス会の模範的な人物と想像する方も多いと思うが、井上ひさし氏の描くフロイスは喜怒哀楽を表す普通の人間として描かれている。『わが友』はフロイスも井上も、我々凡人同様感情あふれる人間であるという意味を込めて付けられているのだろうし、また井上の文筆業に携わる同業者への温かいまなざしも込められているのであろう。

物語は書簡の往復という形で展開する。第一報はリスボンの王室秘書庁に勤める一三歳のフロイス少年の父親あての手紙で、「イエズス会に入ってザビエル神父の右腕になりたい」と決心を伝える。それから一四年後インドのゴアの聖パウロ・コレギオ修道院長はイエズス会総長あてに修道士の成績評定について「一位ルイス・フロイス。二七歳。生まれついての文才と語学的才能あり」、「欠点は饒舌すぎること」と報告した。しばらくしてフロイスはゴアの活気ある様子やイエズス会のヤシの木畑の経営の様子などを秘書庁に便りする。

一五六五（永楽六）年長崎県の横瀬浦に上陸し、ミヤコに向かうが、治安が悪化し、堺へ避難などするが、キリスト教信者が増えないことに腹を立て、大祝日にしか塩鰯を食べられない、ヨーロッパでは主殺しは稀だが日本ではふつうのことなど、ヨーロッパと日本ではすべてあべこべと泣き言を長崎のビエラ神父に書き綴る。そうこうしているうちに、信長が台頭し、上洛する（一五六八年、永禄二年）と、そのお陰でミヤコの布教状況が好転し、信長と面会できることとなったことを述べ、ルイス対仏僧の論戦には勝ったことを日本布教長のカブラルに意気揚々と伝える。

布教の事態は徐々に変わる。一五八〇年にはフロイスは日本視察に訪れたヴァリニャーノに、神としての信長とイエズス会が正面衝突を起こす日が近い、適当なキリシタン大名をイエズス会とポルトガル艦隊とで全面的に支援することを提案した。フロイスはかなり好戦的だった。ヴァリニャーノからは、にべもなく「提案は却下された」、「戦ごっこをしに来たのではない」との返書をもらう。その返書の補足に高貴な生まれの日本の少年をヨーロッパへ連れて行き、素直にヨーロッパ文明に触れさせるという考えも知らされる。

秀吉は一五八七（天正一五）年宣教師追放を公表する。日本副管区の長クエリョ（コエリョ）は追放への対応に苦慮し、平戸会議を開いたところ、ここでもフロイスは肥後のキリシタン大名、小西アウグスチノ行長の領地に要塞を築き、ポルトガル武装艦隊を呼び寄せ、さらにスペイン艦隊も当てにして、正当な戦争を実行することを提案する。なんとなれば「福音を信じない者は滅ぼされても仕方がない」のですと理由を添えている。クエリョ神父が没し、この提案が実施されることはなかった。

ヴァリニャーノは四人の少年使節を日本に連れ戻し（一五九〇年）、その際にフロイスには四人が信仰心も深く剛胆で正直であるので将来日本イエズス会の中枢になるであろうとの評価を伝え、一方フロイスの書いた『日本史』は長すぎるので短くせよ、先の軍事計画は過激すぎるとたしなめる。フロイスは日本勤務を解かれ、マカオ勤務を命じられるものの、気兼ねもせずフロイスはイエ

長崎市・西坂公園にある日本二十六聖人の記念碑。二十六人の等身大のブロンズ像が嵌め込まれている（写真提供／一般社団法人長崎県観光連盟）

ズス会総長に、マカオ勤務を愚痴る手紙を出すなどする。

一五九五年、フロイスは日本に舞い戻る。そしてその二年後の九七年の二六人の磔処刑をローマに報告する。十字架が起こされると「殉教者たちは身体を痙攣させた」、一三歳の少年の「賛歌をうたう澄んだ声がきこえはじめた」、槍で刺されると「ぜうす、まりあと唱える声は次第に細く」なった、「ザビエル神父の布教からまだ五〇年もたっていないこの野蛮の地に、なぜ、かくも聖なる血が注ぎうるのか」という目撃報告であった。

その同じ年フロイスが長崎の諸聖人の教会で没したという報告が日本からローマ宛に出される。遺品の中にフロイスが受け取った手紙の末尾の署名の部分を切り抜いたもの一〇数葉、「対等なるものは、対等なるものに対して、支配権を持たず」との文言が書かれた短冊紙が見つかったと報告された。

書簡の形式でこれだけ内容の詰まった小説はないだろう。先に述べたようにフロイスの人間性が濃く描かれている作品である。『ひょっこりひょうたん島』の原作者、井上は人間の喜怒哀楽を鋭く見つめ、宣教師フロイスにもそれを認めたのだろう。それがこの小説に引き込まれる所以である。

この小説は伝記ではない。フロイスが信長や秀吉に会ったことなどは出てこない。書簡はいかにもありそうであり、実際数多くフロイスは書いた。しかし遺品の中に短冊はなかっただろう。『わが友フロイス』はフィクションである。井上の立ち位置を示したものである。日本国憲法第九条をとりわけ大事に考える井上はフロイスの軍事に頼る姿を否定することを明らかにして、締めくくったのである。

（引用は『わが友フロイス』から）

『クアトロ・ラガッツィ　天正少年使節と世界帝国』　若桑みどり　二〇〇三（平成一五）年

クアトロ・ラガッツィは伊東マンショ、千々石ミゲル、原マルティノと中浦ジュリアンの四少年のことである。ラガッツィはイタリア語で少年男子のことで、カトリック美術の権威である著者のクアトロ・ラガッツィに対する温かいまなざしがうかがわれる。

天正少年使節に関心のある方は松田毅一の『天正少年使節』（角川新書の初版は昭和四〇年、講談社学術文庫本の初版は平成一一年）を読んでいるだろう。長い航海の後、ポルトガル、スペインを歩き、フィレンツェを経てローマに入り、一五八五年三月彼らは教王グレゴリウス一三世に拝謁することとなる。その場にいたのはなぜかマンショ、ミゲル、マルティノの三人で、ジュリアンはローマを前にして発病し、拝謁に間に合わなかったと我々は理解していた。

若桑みどり氏が平成一五年三月に出版した『クアトロ・ラガッツィ』はこの点について新しい解釈を出している。イエズス会の命令でインドにとどまらざるを得なくなったヴァリニャーノはヨーロッパでの四少年の接遇について書を送り、「大げさな設えやいかなる豪華さもどうかやめていただきたい」、「教王の私的謁見を望」んでいることを伝えていた。しかし法王庁は彼らが国王の使節であることを認め、国王と同じ待遇の式を行うことを決めた。若桑に言わせれば、これが法王庁の戦略というわけだ。

教皇の使者がシエナの南のサン・クイリコの町まで来て、携えてきた書簡の写しを少年らに要求し、これをローマに持ち帰り検討し、聖会議議員の意見も聞いて、枢機卿列席の公式謁見とすることになったのであった。つまり謁見は「異教徒の改宗に対する教会の栄光を示す」行事対応となったのであった。使節がゆっくりローマに進んだのは枢機卿をたくさん呼び集めるためだった。

行列がローマに入ると「先頭には二騎兵隊、一様の装いをなし、スイス兵に付き添われ、時々高き音を放つトランペットをともないて進行」した。聖天使城前の橋を渡ろうとすると「聖天使城から最初の祝砲がひびいた」、「あたかも呼応するかのように、かなたのヴァティカン宮殿の祝砲がなりはじめた」。そして謁見の式場は「国王の謁見にのみ用いられるサーラ・レージア（王の間）であり、使節の名誉とその任務にふさわしい」行事となったのだった。

ところで、ローマ入り後イエズス会総本部のジェス聖堂に向った際は、イエズス会総長らに出迎えられ、「総長はひとりひとりを抱擁」し、その後「一同で食事をした」ので、もしジュリアンが重病ならば途中どこかにとどまっていたに違いないが、他の三人とともに食事に参加しているので、「食事ができないほどではなかった」。病気説に対する疑問が生じる。

公式謁見の日ジュリアンは病気だから「絶対外出してはならない」、「寝台から起きてはならない」と言われ、本人は行きたい、「教皇猊下のもとに行けば、その声を聞けば、必ず治る」との応答があったことが紹介される。そこで他の三人が乗馬して行き、教皇の祝福を受けるまえに、ジュリアンは「馬車でひとりで行」った。ジュリアンは教皇に抱擁されたものの、公式謁見を許されたいと懇願してもかなわなかった。若桑は「東方から来た公子は三人で十分だ、いや三人でなければならない！　すべてのキリスト教徒にはすぐに気づくだろう、アジアから馬に乗ってイエスを礼拝しにきた三人の王がここに再現された」と新解釈を示すのである。

つまり、聖書の「マタイ伝」二・一―一二にある、博士たちが東の方から来た、彼らはベツレヘムに着く、イエスを見て拝み、乳香、没薬、黄金を贈り物として捧げた、という東方の三賢人の話のことである。毎年クリスマスのころクリスマス・キャロルとともに語られ、クリスマス・カードにも三賢人がよく描かれていることは周知のことと思う。

「マンショとミゲルは大名の親戚であり、正使である。マルティノは利発でラテン語がうまく身分が高い。ジュリアンは四人の中で、いちばん身分がはっきりしない。」そこでジュリアン以外の三人がえらばれたというわけだ。しかし「今私が言っていることには珍しく史料がない。策略や謀議にはすべて史料がない」と若桑は正直に述べている。

枢機卿列席の公式謁見でイエズス会のオラトーレ（演説者）は、グレゴリウス教皇がカトリックの復興（プロテスタントが分離していったことへの対応）に力を入れ、「高貴なる使節がテラ・インコグニータ（知られざる土地）の中の日本からはるばる来て、猊下のもとにひざまずいた」と述べた。この演説文は各国語に訳され、ヨーロッパ各国に流布されたという。教皇年代記は「一五八五年、グレゴリウス教皇の人生の最後の年には、日本から来た使節の到来によって輝かしいものになった。すべての時代を通じて、これほど記念すべきできごとはかつてなかったのである」と記されていることも紹介される。

日本使節到来のメモを書いたズィゴッティは「彼らは三人の王のように東方から来て教会を癒したと書き、天正の三少年は東方からきた三賢人と重ね合わせられて理解され、キリスト教社会に広まったのであった。

そして使節らがローマに来て一八日目に教皇はなくなった。少年たちは教皇がなくなっても新教皇によってすべては引き継がれることを説明されたという。それどころかモンタルト枢機卿がシスコ五世になると、戴冠式には三少年が当時法王庁を支えていたフランスとヴェェツネツァ両国の大使とともに旗を担ぎ、マンショはさらに教皇が手を洗うための水を注ぐ役を果たしたという。

西洋美術史家若桑の東方の三賢人説は説得的である。

なお、念のためつけくわえると、亡くなったグレゴリウス教皇とはあのグレゴリウス暦を作ったグレゴリウスである。イエズス会寄りの立場をとり、少年たちがローマに入る前（一五八五年一月）

に日本における布教はイエズス会とすることを決めた教皇である。

若いころカトリック美術研究のためローマに留学した若桑はミケランジェロの描いたシスティーナ礼拝堂のフレスコ画の総合的解釈で知られる。一九九五（平成七）年になって大学を一年休職して五〇年ぶりにローマに行き、ヴァチカンの図書館で最初はキリシタン美術について調べていたが、次第に天正少年使節についての文書が多いことがわかり、その研究と史料集めをした。目前に聖天使城が見えるルネサンス時代風のパラッツオに滞在して若桑は『ラガッツィ』を書き始めたという。この本は優れた散文作品に贈られる大佛次郎賞を二〇〇四（平成一六）年に受賞した。残念なことに、若桑は二〇〇七（平成一九）年、七一歳で亡くなった。

（引用は『クアトロ・ラガッツィ　天正少年使節と世界帝国』から）

第三章　ポルトガル本（現代もの）を読む

ポルトガルに興味を持つ文人は現在も多い。平成の世になってからも続々とポルトガルものが書かれている。現代ものもメルヘンチック、ロマンチックであり、文人たちもポルトガルに日本にないムードを求めたようである。モラエスを取り扱った浄瑠璃を瀬戸内寂聴氏が書いたのは二〇〇九（平成二一）年であり、吉田修一や宮本輝については本よりテレビ、映画の方を知っている方も多いだろう。ハーレクイン・ロマンも紹介しよう。

『モラエス恋遍路』　瀬戸内寂聴　二〇〇九（平成二一）年

現代浄瑠璃が書かれることが少ないなか、『モラエス恋遍路』はモラエスという外国人を主人公とする最近書かれた浄瑠璃である。実は瀬戸内寂聴は徳島県徳島市の生まれで、子供の頃街を歩くモラエスを見ているという。地元から頼まれて、国民文化祭のために書いたものである。モラエスの浄瑠璃は楽しめる。外国人の主人公の寂しさ、老い、愛、葛藤が表現され、まさに浄瑠璃にふさわしい。

第一部第四章で述べたように、モラエスはポルトガルのリスボン生まれで、海軍に仕官し、モザンビーク、マカオ勤務の後、海軍を辞め、あこがれていた日本に神戸領事としてやってきた。芸者のおヨネと出会い、落籍してしばらく幸せな日々を過ごしたが、おヨネが亡くなると外交官の職を辞し、徳島に隠棲する。徳島でおヨネの姪のコハルと同棲するものの、コハルはすぐに死去し、以後一人で暮らし、七五歳で没する。モラエスの最晩年が瀬戸内のモラエスである。

『モラエス恋遍路』は「盆踊りの日」、「落葉散るコハルの病室」、「智賢尼の庵室」の三幕からなる。盆踊りの日では、踊る阿呆に見る阿呆、同じ阿呆なら踊らな損損の阿波踊りがモラエスに近づいてくる。「おお、おまえはコハル！」とモラエスが叫ぶと、「いいえ、おヨネよ、おヨネ」と叔母の踊り衣装を形見に貰ったコハルは踊りながら答える。二人は阿波踊りに興じる。おヨネを看病し、徳島に来てからは身の回りの世話をしてもらったコハルに指輪を与え、二人は同棲を契る。これを見ていた智賢尼は二人の将来を案じる。

「落葉散るコハルの病室」は愛と葛藤のシーンである。同棲していたところコハルの産んだ子が元のいいなずけの左吉の子であることが分かり、「老いの純愛踏みにじられ、間男されしうつけ者」と言われ、モラエスは手切れ金を渡し、縁を切ったのだった。一方、コハルはラシャメンに売られたと周囲から言われていた。しかしコハルが発病すると、左吉には逃げられ、病に伏せるコハルを不憫に思い、「恨みも恥もどこへやら、一目散に」モラエスは病院に駆けつける。好物のスイカを食べるように勧める。コハルは「ごめんなさい。私をゆるして。これこの通りコハルはしっかり罰を受けていますー」、「もうあかん。かんにんして、ありがとう、さようなら」と掌を合わせて言う。

看病の甲斐なくコハルは絶える。

「智賢尼の庵室」はおヨネの死から一七年、コハルの死から一三年、モラエスが七五歳になっている設定である。智賢尼は、モラエスが心許せた数少ないものの一人で、モラエスの家から歩いていく距離にある慈雲寺の庵主である。モラエスは庵室で智賢尼に、毎日の墓参は恋しき人に逢うためで「心も弾む訪れ」と語る。「人がこの世に生まれるのは、愛するためです。愛したと同時に苦しみは生まれるとわかっていても愛さずにいられない」と告白すると、智賢尼は「さびしい晩年を迎えられ、お気の毒と思っていたのはまちがい」と応じる。それから三日後自宅の台所で倒れて、モラエスは没した。

阿波の国は淡路と徳島を抱え、淡路の人形座は阿波人形座として知られ、人形浄瑠璃を全国に広めた功績があった。全国の舞台を廻って上演するため、破損もあり、たくさんの人形を作る必要があり、徳島はその人形を独占的に供給してきた。徳島には今日でも農村舞台がたくさんあり、人形浄瑠璃の伝統が色濃く残っている。全国持ち回りの国民文化祭の開催県が徳島に決まると、徳島にふさわしいテーマの浄瑠璃の構想が持ち上がり、モラエスを主人公とする新作浄瑠璃を寂聴に依頼した。県の文化的位置、状況を踏える国民文化祭の趣旨にふさわしい。

原作ができると、文楽座人形遣の吉田勘緑氏が演出を担うこととなり、演じ手は県内から公募で選ばれたという。一年半の猛練習で、上演にこぎつけた。原作は三幕だったが、上演は盆踊りの日と落葉散るモラエスの寓居の二幕となったが、内容的には変わりはない。演出に当たっては、西洋人の無常観、寂寥感、コハルの哀れさ、智賢尼の静けさに苦労したという。

人形も作られた。モラエスには二体、コハルも二体、智賢尼には一体が作られ、モラエスの六〇歳代のものは文楽の小さめのもの、七〇代のものはモラエスの写真に摸した大きめのものであった。回想のシーンが多くあるので、家の形をした大道具を二つ舞台にのせ、一つは現代を、もう一つは過去を表現する時に使う工夫をしている。

徳島出身の佃実男の『わがモラエス伝』（一九六六年、昭和四一年）は佃が丹念に調べ上げたモラエスの伝記である。新田次郎・藤原正芳の『孤愁〈サウダーデ〉』（一九九九年、平成一一年）は軍人、領事だったモラエスを高潔なジェントルマンとして描いている。岡村多希子の『モラエスの旅—ポルトガル文人外交官の生涯』（二〇〇〇年、平成一二年）はモラエスの係わった女性たちについて詳しい。これらはいずれもモラエスの人生全般を取り上げているので、瀬戸内の浄瑠璃『モラエス恋遍路』は最晩年を取り扱っているという意味でもユニークだ。

一方、外国がらみの浄瑠璃と言うと、近松門左衛門の『国性爺合戦』を思い出す。韃靼（清朝のこと）に帰順する父、明朝の復活を誓う和藤内《わとうない》（鄭成功のこと）、夫と子の狭間にあって苦悩する日本人母マツの物語である。近松により戯曲化されると、大阪の竹本座で上演され、たいへんな人気を博したと伝わっている。

作者の瀬戸内寂聴については紹介の必要はほとんどないであろう。瀬戸内は徳島県徳島市の仏壇屋の三女として生まれ、徳島高等女学校を卒業するまで徳島に住んだ。東京女子大学で国文学を学び、見合いで結婚し、北京に行くが、三年で離婚した。帰国後京都に住み、文筆活動に入り、多くの文学賞を受賞している。一九七三（昭和四八）年に作家で僧侶の今東光（今春聴）大僧正を師僧として中尊寺で天台宗で得度、法名を寂聴とする。翌年の比叡山での六〇日間の行を経て、京都嵯峨野に寂庵となづけた庵に住み、尼僧としても熱心に活躍している。郷里の徳島市や現在住む京都市の名誉市民の称号を得ている。一九九六（平成八）年に文化功労賞、二〇〇七（平成一九）年には文化勲章を受章している。

（引用は『モラエス恋遍路』から）

『7月24日通り』　吉田修一　二〇〇四（平成一六）年

『7月24日通り』は素敵なネーミングの通りだ。日本にもヨーロピアンな通りがあっただろうか。この小説はポルトガル案内でもリスボン観光でもなく、モテる男を好きになる若い女性の話で、場所の設定は日本の県庁所在地でもない地方都市となっている。

地味で目立たぬOLの本田小百合は港の見える自分の街をリスボンに見立てるのがひそかな楽しみである。以前はたいくつで仕方なかったが、異国気分で「7月24日通り」をバス通勤し、最近はなんとなくこの街や生活を楽しめるようになってきた。いつも乗る丸山神社前はジェロニモス修道院前、岸壁沿いの県道は7月24日通りで、通うオフィスはガレット通りにある。オフィスのそばのカフェはコメルシオ広場脇のカフェと思い、出身高校の陸上部の同窓会が開かれることになる居酒屋はドン・ペドロ四世広場に面し、百貨店はフォンテス・ペレイラ・デ・メロ大通りに、大きな書店はポンバル侯爵広場にあるというわけだ。

ある日高校時代の陸上部の同窓会開催の通知が来る。高校時代片想いしていた聡史も来るとわかった。三〇人ほどが集まり、「聡史が本当にうれしそうに私の顔をまじまじと見る」。聡史の隣に座ったところ、昔聡史と付き合っていた亜希子が現れる。亜希子は、今は小百合の上司である安藤の奥さんだが、小百合が安藤宅に夕食に呼ばれた際、陸上部ではなくても来たら良いと小百合が誘ったので、亜希子が来たのだった。その夜聡史と亜希子は二人で同窓会を抜けた。

個性豊かなわき役も出てくる。一人は小百合の自慢の弟だ。イケメンでいつも話題になる女の子と付き合っていた。しかし、母を亡くし、父と二人で生活している小百合は弟の借りているアパートにいためぐみは今までの女の子と違う、弟にはふさわしくないと思ってしまう。もう一人は、小百合が書店でぶつかった青年。後にこの人が警備員だと分かるが、小百合は彼の買い求めるエメラルドグリーン色の本が気にかかり、ペソアの『ポルトガルの海』と知ると、ネットで買い求め、一気に読んでしまう。ここに小百合の夢想するリスボンと著者のペソア好きがつながっていることが分かる。

そんななか、聡史のメールが届く。「元気？　もし時間あったら一緒に晩めしどうか」と誘われ、小百合は出かける。聡史は高校総体の後の打ち上げで隣に小百合がいたと言い出し、それは小百合もよく覚えていた。小百合は聡史といる「何か特別な時間」がずっと続くとよいと思っている。亜希子のことをどうするのかと聞くと、聡史は「あいつには旦那がいる」と述べ、小百合にはスーパーマンだった聡史が自分に近づいてきたとわかる。聡史に次の日も、その次の日も会いたいと言われ、会うことになる。ドライブの車中で聡史は「なんか本田ってさ、この街に似ているよな」、「これが俺の生まれ育った街なんだって自慢したいとき」もある、亜希子には「この街がにあわない」、同窓会の名前のリストを見て「おまえに会いたいと思ったんだ」と二人の会話が弾む。その後、聡史と小百合は結ばれる。

亜希子と安藤が別れることになる。安藤は「本田さんにはいろいろ心配かけちゃったけど、修復不可能だったよ」と小百合に伝える。亜希子が昔の亜希子に戻るのだろうか、いつ亜希子の離婚のニュースが聡史に届くか小百合には気にかかる。そんな時に「今週末、東京へ来れるよな? 待っているから」との聡史のメールが着き、小百合は東京に行くと返信する。

週末までの間に、小百合はめぐみにどうしても会いたいと言われ、会うことになる。小百合が言った、弟と付き合い、半ば同棲している「めぐみが無理している」との指摘が当たっているとめぐみは言い、さらに「子供は産まない」、人生を「間違えたくない」と言う。これに対し小百合はなぜか、自分とめぐみを重ね合わせていたためだろう、「がんばってね」と言って、二人は別れる。

家に帰るつもりでバス停に立っていると、書店でぶつかり、その後バスでも会った、画家を目指す警備員に会う。明日の晩にすし屋に行こうと誘われるが、小百合は行けない、聡史に逢うため東京へ行くと話すと、「そうか、そういうわけで、俺は明日、君と食事できないんだ……」と分かってもらう。しかし、まだ名も聞いていない彼から小百合は今の聡史の「顔がちゃんと見えているか」と、夢を追っているのかリアルに求めているのかを暗に含んだ質問を投げかけられる。

早く明日になってほしい、明日になれば聡史の胸に飛び込むことができると思っているところ、金曜日の会社を終えて、駅に向かう小百合はいつもの「コメルシオ広場から……」ではなく、「水辺の公園から三番のバスに乗って、花崩駅に向かうのだ」と「本来の名で考えている自分が、どこか新鮮に思えた」と積極的行動に出る自分を意識する。無事駅に着くと、東京で待っている聡史に「七号車に乗って」行くと電話する。発車間際に今度はめぐみから電話をもらい、「がんばってくださいね」と言われると、小百合は「私も、間違ったことをしてみるよ」と言い、あこがれていた男のもとへ向かう。

この小説はいわゆる胸キュンの恋愛物語と分類されようが、若い女性の「間違えないようにと、じっと動かずにいるよりも、間違えて、泣いてもいいから、こちらから動きだしてみようと思った」という自立の話と見立てる方がいいだろう。

それにしてもコメルシオ広場だ、ガレット通りだとリスボンがオンパレードだ。吉田修一は雑誌のインタビューに答えて、「ぼくの小説はどれもそうなんですが、場所がとても重要です。主人公の『小百合』が住むのにふさわしい町がなかなか見つかりませんでした。それは架空の町ではなくて、かといって、リアルな町でもない……。いろいろと考えたあげく」リスボンになったという。たしかに多くの人にとって名は知っていてもよく知らない町がリスボンかもしれない。またペソアについては「前から好きで何度も読み返していますね。おすすめの詩人です」と語っている。

映画「七月二四日通りのクリスマス」ではサユリは、眼鏡をかけたパッとしない、大学時代の演劇部でも裏方をつとめて、一度も脚光を浴びたことがない娘である。そんなサユリは住んでいる長崎の町を、愛読書のマンガの影響で「七月二四日通り」になぞらえている。東京で照明の仕事をしている聡史が長崎に帰郷したことから、サユリの日常が変わりはじめる。何故かデートはとんとん

ドン・ペドロ前国王を象った7月24日記念碑

拍子に進み、夢のようなクリスマスが段々近づいてくるとサユリは夢想するという話に代わっている。

なお、ポルトガルの歴史に興味のある方のため七月二四日が重要な日であることを記しておこう。一九世紀前半ポルトガルは絶対王政派と立憲君主派の内戦が続いたが、アソーレス諸島のテルセイラ島からイギリスの支援を受けた立憲君主派の軍隊が一八三三年七月二四日にリスボン上陸を果たし、絶対王派はサンタレンに退き、七月二九日にはドン・ペドロ前国王がリスボンに到着し、立憲君主派が有利になったのであった。カイス・ド・ソドレ駅に近い七月二四日通りの起点にはその記念碑がたてられている。

作者の吉田修一は一九六八（昭和四三）年長崎市生まれで、県立長崎南高校をへて、法政大学を卒業。スイミング・スクールのインストラクターのアルバイトなどをした後、一九九七（平成九）年作家としてデビュー。最近では作品が出るたびに注目される作家である。映画化された吉田の作品は『7月24日通り』のほか、『パレード』、『悪人』、『横道世之介』、『さよなら渓谷』など多数ある。吉田の薦める三冊の本はペソア『ポルトガルの海』、ヨシフ・ブロツキー『ヴェネツィア—水の迷宮の夢』、生田紗代『オアシス』である。
（引用は『7月24日通り』から）

『ポルトガルの花嫁』キャサリン・ジョージ　千里悠訳　一九九二（平成四）年

ハーレクイン・ロマンなら最初から結末がわかるというものだ。花嫁というタイトルからして若い女性がとろめく恋愛のすえ結婚に至るのだろう。たしかにそれはその通りであるが、この小説はポルトガル理解にもつながる。

豪華客船でブランドものドレスを売る、主人公のキャサリン・ウォードは学校時代の親友のアナに寄港先のリスボンで出会う。アナから結婚式に来てほしいと頼まれる。そして、ホテルを経営する兄を、アナに代わって助ける人を見つけなければならない事情も知らされる。

キャサリンは都合をつけて、結婚式に出る。ポルトで飛行機を降り、ミーニョ地方をレンタ・カーで駆け抜け、ポンタレグレのラゴーアス荘に着く。そこで花嫁衣装の話に二人の会話が弾むのだが、アナはミーニョ風に、「金の飾りをいっぱいつけた黒いドレスに、白いベール、白いニットのストッキング、黒い木靴を着ける」、「花婿もミーニョの花婿らしく黒いスーツに刺繍入りのシャツを着る」という。

このくだりは重要であるので、小説にはないが、少し解説が必要である。日本では和服の場合は白無垢の花嫁衣装に決まっているので、洋服でも花嫁衣装は純白であるとの理解がふつうである。

しかしヨーロッパでは中世になり教会で結婚式を挙げるようになると、教会の儀礼服である黒のドレスと白のベールが一般的なウエディング・ドレスだった。一九世紀になりイギリス女王のヴィクトリアが白のウエディング・ドレスを着て以来、徐々に白が普及したそうである。ヴィクトリアはこれまでのイギリス王室の花嫁が着た金銀の糸で刺繍されたゴージャスなドレスやきらびやかなローブではなく、白いサテンのウエディング・ドレスを選んだ。またベールは当時流行っていたブラッセル・レースではなく、イギリス国産のレースを用いたという。ヴィクトリアとアルバートは仲睦ましい夫婦で、九人の子宝にも恵まれた。世のカップルもあやかりたいと白のドレスが広まったという。こう考えると、二一世紀のいま黒のウエディング・ドレスと聞くとだれもが驚くが、アナの着る黒のほうが伝統的なのである。ヴィクトリアがチャレンジしたのでいまでは白がメインとなったのである。

さて、二人の会話中に兄のエドウアードが登場し、キャサリンに紹介される。キャサリンはエドウアードの礼儀正しさとたくましさにひかれ、エドウアードはキャサリンの美貌に驚くとともに、昔ラゴーアス荘にいたイザベルという女性とそっくりでたじろぐ。夕食の後も二人の会話が弾む。エドウアードが母と兄の死により、弁護士をやめ、家業のホテルを継ぐことになったことをキャサリンは知る。ベッドに入ってもエドウアードの黒い瞳に胸がときめく。

どうやらハークレイロマン・ペースとなる。キャサリンはエドウアードに好意を覚えるが、一方でエドウアードが優しいのは自分がイザベルに似ているからだと悩む。アナはエドウアードがキャサリンに恋をしていると見抜く。エドウアードはキャサリンに結婚式の後もポルトガルに残ってほしいと訴えると、キャサリンは恋に燃え上がっているもののイギリスに帰らなくてはならないと断る。キャサリンにとってエドウアードのいない生活は味気ない人生になるということも分かっていた。

結婚式の前の晩、キャサリンとエドウアードの二人はいろいろ話し合うが、「キャサリンはシングル・ペアレントの家に生まれた」、キャサリンの母はずっと年下の人と「つかの間の情事の結果わたしを身ごもった」、「母は妻を亡くした人の家の家政婦になった」、母と自分は「それ以来彼の家にいる」、「父が誰だかわからない」身で家柄のよいエドウアードとは結婚できないと伝える。

結婚式ではアナは予定通り黒のドレスを着て、ミーニョ風の結婚式が行われた。参列者たちがカントリーダンスに興じ、エドウアードとキャサリンはワルツを踊る。恒例の花嫁の投げたリースはキャサリンがつかむ。ところが、その夜に暖炉の前で二人が抱き合っていると、暖炉の上の写真に気が付く。それは死んだ兄のペドロの写真だったが、ペドロはキャサリンに顔立ちが似ていて、キャサリンはペドロがイギリスを放浪中につくった子かもしれないと、「二人は怯えて目を見合わせた」。キャサリンは翌日早々にイギリスに帰ってしまう。

それからキャサリンは自分の出自についていろいろ調査する。キャサリンは、母が寮母をしていたころにアメリカ人学生トム・ワイルドとの間にできた子で、母は彼には将来があると考え、アメリカに帰したのち、自分を生んだことをようやく知る。そうであればさらに家系をたどるため、イギリスから結婚式に来ていたエドウアードの大叔母クララ・ホルロイドを訪ねる。キャサリンの曾祖母セアラ・ウオードの旧姓はホルロイドで、クララの父のいとこだったこと、セアラはパトリックという男と駆け落ちしたことを聞きだす。五週間後キャサリンはポンタレグレに戻ってくる。戻ってきたのは集めたこれらの情報をエドウアードに教えたくてだ。もちろん結婚するため、ホテルの経営を助けるため。その夜遅く二人は漸く結ばれることになった。

このストーリー展開は文学性があるというより、やはりハーレクイン・ロマンものである。しかし、この小説には二点コメントしておかなければならないだろう。まず第一は、随所にポルトガル、しかもミーニョ地方を紹介している。ミーニョの風景は美しい、山が迫り、緑を蓄え、冬はよく霧が発生する。キャサリンが新しい、うれしい情報を持って、心も弾んでポルトに戻ってくるが、飛行機を降りると天気は雨だった。まさに北ポルトガル、ミーニョであって、リスボンやアレンテージョとは違うことがわかる。

ミーニョの町の雰意気も伝わってくる。たとえばポンタレグレの町は川の北側に開けている、一三世紀から続く市は二週間に一回で、バルセロスの市は毎週木曜日に立つ、ヴィアナ・ド・カステーロに買い物や食事に行くなどが豊富に描かれている。

また何度も食事の場面が登場するが、カウド・ヴェルデや塩漬けの鱈などミーニョ風料理であったり、ミーニョの酒、弱発泡酒ヴィーニョ・ヴェルデを飲むことになるが、生活感を持って描かれている。そしてすでに紹介したように結婚式がミーニョ風であり、金糸の飾り、フィリグラーナはミーニョの伝統的産品である。

第二に、何世代にもわたるイギリスとポルトガルの関係を読むうちに自然と知ることになる。キャサリンとアナはイギリスのビジネススクールの同級生だったが、ポルトガル人は男女を問わずよくイギリスへ勉強に行く。そしてイギリス人とポルトガル人の結婚も過去にも現代にもよくあるし、だからこそキャサリンはペドロの子かもしれないとキャサリンもエドウアードも本気に考えてしまうのであるし、この物語を読むイギリス、ポルトガルの人々はそれはあるかもしれないと心配するわけである。

ミーニョ地方こそ、その昔イギリス商人がポルトガルの中で最初に訪れ、まだポルトワインのなかった時代オリーブオイルやコルクとイギリスの織物との貿易のためイギリス人が住み始めたところであるので、このストーリーの設定はミーニョがふさわしいということになる。

作者のキャサリン・ジョージは、情熱的なストーリーを数多く発表するハーレクイン・ロマンの人気作家として不動の地位を築いている。イギリスのウェールズ地方で生まれ育ち、幼いころから読書が大好きで、町の図書館によく通ったという。二二歳でエンジニアの夫と結婚し、夫の仕事の関係で九年間ブラジルで暮らしている。このときの経験が作品にかなり反映されている。子供の教育のためにイギリスに戻り、母親として忙しい日々のあと、愛読していたロマンス小説を自ら書き始め、とんとん拍子に作品が出版されて人気を博し、現在に至っている。

（引用は『ポルトガルの花嫁』から）

『ここに地終わり海始まる』　宮本輝　一九九四（平成六）年

一八年間の療養生活を終えた天野志穂子は病状に奇跡をもたらすきっかけとなった一枚の絵葉書を出した梶井克哉を探しに出かけた。その絵葉書には「今ポルトガルのリスボンにいます。きのうロカ岬というところに行ってきました。ヨーロッパの最西端にあたる岬です。そこに石碑が立っていて、碑文が刻まれています。〈ここに地終わり　海始まる〉という意味だそうです。大西洋からのものすごい風にあおられながら、断崖に立って眼下の荒れる海を見入り、北軽井沢の病院で見たあなたのことを思いました」と書かれていた。この見ず知らずの人からもらった絵葉書を受けとってから、主治医の先生すら奇跡が起こったという回復だった。

六歳の時から二四歳まで静かな療養所で暮らしてきた志穂子にとって通常の社会生活に慣れることはたいへんだった。都会の人ごみにも慣れていなかった。何もかも初めてというありさまだった。一方家族、とりわけ父親は「たくさんの病人たちが入院生活を続けている病院の中は世間を凝縮させた世界だと思う」、「いろんな人間を見てきたんだ、世間知らずなんかじゃないよ」と温かく対応する。そして絵葉書のことを志穂子から知ると、絵葉書が「志穂子の中にあった生命力の電源にスイッチを入れてくれたんだな」と理解する。

梶井は北軽井沢の病院の中庭で歌った当時はたいへんな人気のあったコーラス・グループのリーダーだった。梶井を探しに出かけた時に入った喫茶店のウエートレスのダテコとその友だちの尾辻の計らいで、志穂子は梶井とダテコのアパートで会うことになった。梶井は「おかしな葉書を送ったりして……」、「退院されたんですね。おめでとうございます」と言い、志穂子は「私はあの絵葉書のおかげで治ったんです」と話すが、梶井は結局別の人に出したものとは言わず、その場を逃げ去る。その後志穂子はダテコから、梶井の手紙は間違えて出されたものと聞くが、「私が梶井の間違いに気付き、しかも、傷ついていない」ので、ダテコを通じて絵葉書を梶井に返した。

誰か友達に会いたいと思った志穂子は尾辻に電話をかけてしまい、一緒に食事をし、元ラグビー選手だった尾辻の人柄を気に入り、尾辻からは転勤先の金沢に遊びに来るよう誘われる。その夜父には、何もかも初めての取り柄のない女である、薬を飲み続けなければならない、と泣きながら話すと、父は「冬は必ず春になる」と志穂子に教える。

梶井は毎日を適当に生きていた。再び志穂子に会うと、「万一、志穂子に迷惑がかかってはいけないと思い、日本に帰ってから志穂子に連絡を取ることもやめたし、実は相手を間違えてあの絵葉書を送ってしまったなどと嘘をついてしまった……」と求愛行動に出る。しかし志穂子は梶井のなかから「本当に好きな異性の前にいて、自分の心をまじめに表していない」のを感じとっていた。

ダテコと志穂子は尾辻に会いに金沢へ行く。ダテコと尾辻に気遣っているものの、ダテコが疲れて一緒に行けなくなっても、志穂子は尾辻と海を見に行く。尾辻は「ぼくは志穂子さんを大好きなんです」、「毎週、日曜日に志穂子さんに逢いに行きます」と求愛される。志穂子は「やっぱり、どうしても健康に対して自信をもてないんです」と本心で答える。

志穂子は急にもてだしたなと言いつつ、父親は北軽井沢、蓼科へ家族旅行を提案する。北軽井沢の主治医には、よく社会に適応していると言われつつ、やはり結婚はできても子供をつくることは無理と説明され、志穂子はそれを落ち着いて受け入れる。また、蓼科では父親はソーセージを作る共同出資事業に退職金をつぎ込み、志穂子には店を手伝わせることを説明するつもりだったが、蓼科に着くや、突然梶井が現れ、越前岬に日本海を見に行くと言われると、志穂子はついて行くと言い張り、家族は驚くが、結局したいようにさせてやる。

ドライブの途中の宿で志穂子は尾辻へ電話して、主治医から「子供を産んではいけないと言われた」、「私、尾辻さんを好きだと思います。でも、私は、誰とも結婚しないことに決めました」と伝える。尾辻は「志穂子さんがもっと元気になるまで、何年でも待つよ」という。隣の部屋の梶井は全く眠れず、尾辻に電話して、「お前、どうして志穂子と結婚しないんだ？　もっと強引に押しまくれよ」、「志穂子も、お前のことを好きなはずだぜ、ただ、自分の体に自信がなくて結婚てことに二歩も三歩も引いて考えているんだと思う」と言うと、尾辻は「もうこれ以上言うのはあきらめた」と答える。梶井は志穂子と一緒の旅行になったことを告げ、「彼女は隣の部屋で寝ている」、「お前あきらめたりするな」とまで言う。すると尾辻は冷静で、一八年間も療養所にいた「そんな彼女が少しくらい、したいことして何が悪い」との信念を梶井に言ってのける。その言葉に打ちのめされ、梶井も「志穂子のやりたいことを何でもやらせてやろうと思った」。

翌日、越前岬に向かう途上の車の中で、梶井は「出会いの時から、インチキばっかり」、「俺は志穂子さんを好き」と求愛すると、「梶井さんを好きです」、「夢みたいな気持ち」と言いつつ「返事は一年待って下さい」と答える。宿に着き、カニをたくさん食べることになったが、宿は一部屋しか空いていない。志穂子は本気で男性を知りたい、梶井に抱かれたいのではない……と考えつつ、「梶井さんに、今夜、抱いてほしい」と言ってしまう。

その翌日、志穂子はバス停まで送ってもらい、鉄道で武雄から米原に出て、新幹線で東京に帰ると言い張り、一人で帰る。駅へ向かうバスに乗っているところで小説は突然終わる。

この小説は一人の若い女性の自立、再出発の話である。一八年もの療養生活をした志穂子が新し

ロカ岬。ユーラシア大陸最西端を示す碑にはカモンイスの詩の一節、「ここに地終わり　海始まる」の文字が刻まれている

い生に向かっていくストーリーはある意味女性が長い抑圧から解放され、豊かな女性社会に向かっている今の日本社会の動向も示しているようだ。父親や尾辻などのパーソナリティーも女性を何も知らないものと見下すのではなく、知性があり、前向きにいろいろ挑戦してゆくのが女性と見ている。作者はあとがきで幸福を願いながら、途中で筆を擱いたと書いている。

それにしてもなぜ志穂子は梶井と結ばれるのだろう。絵葉書を出したのが梶井だからそうでなければ物語にならないのだが、尾辻のように一本気で、実社会を懸命に生きてゆく者であると、幸福に向かう途上の志穂子には束縛となってしまうからと考えることもできる。尾辻なら一年でも何年でも本当に待つであろう。だから一年すら待たないで心変わりする梶井がよかったのだ。

この小説は題名からしてポルトガル本であ

り、小説の中では志穂子の父親やダテコの会話から〈ここに地終わり　海始まる〉はカモンイスのウシュ・ルジアーダシュの中に書かれているとか、オンデ・ア・テラ・アカバ・エ・オ・マール・コメサというポルトガル語を訳したのだとか、いろいろにぎやかな波紋が広がっていく。またダテコの弟もロカ岬に行ったことがある、岬に立った証明書が発行されるなどの情報も知らされる。志穂子がロカ岬を見たいと言い出したり、はるかな国の断崖絶壁のロカ岬の醸し出すロマンチックな趣が語られる。

宮本輝氏は一九四七（昭和二二）年兵庫県神戸市に生まれ、愛媛、大阪、富山に転居、追手門学院大学文学部卒業後、広告社でコピーライターとして働いたが、サラリーマン生活に強い不安を感じていたという。退社し小説を書き始め、しばらくは認められなかったが、一九七七（昭和五二）年に『泥の河』で太宰治賞を受賞してデビュー、以降非常に多くの作品を書いている人気作家である。映画化、テレビドラマ化された作品が多数ある。

（引用は『ここに地終わり海始まる』から）

第三部　歴史ヒストリア

第一章　琉球王国

日本列島の南に位置する中国南部、台湾、琉球（沖縄）、フィリピンに、ポルトガル人、スペイン人、オランダ人が大航海時代に到達し、この地域が日本と同様に激震に見舞われたことは史実である。これらを鳥瞰しつつ、日本を含めこの地域が相互に密接に連動して歴史が進んできたことにもっと注意を払う試みをしてみよう。まず琉球から始めよう。

1

今日の沖縄県はその昔琉球王国と呼ばれていたときがある。琉球王国は一五世紀ごろから一七世紀ごろの間、もっとも栄えていた王国である。その支配は奄美大島と八重山列島にも及んでいた。沖縄本島では一四世紀に入ると三つの国、すなわち南部の山南、中部の中山、北部の山北が並立する時代が約一〇〇年続いた。その中から中山王の尚巴志の勢力が増大し、一四一六年に山北を、一四二九年に山南を滅ぼして琉球を統一した。

中国に明朝が起こると、初代皇帝洪武帝（朱元璋）は周辺アジア諸国に入貢を促した。一三七二年使者は琉球にもやってきた。中山王は直ちに入貢・冊封要求を受け入れ、その使者は当時の明の首都南京の応天府に向かっている。その後山南（一三八〇年）、山北（一三八三年）も入貢し、明の冊封体制に入った。一五世紀前半に中山により統一された琉球は海洋貿易国家として発展していくことになった。

中山王の朝貢回数は、「明実録」を研究した高良倉吉氏によると、明朝二七〇年の間で三山時代を含めると二〇八回、統一後だけでも一七一回であり、第二位安南（ヴェトナム）の八九回の約二倍である。シャム（タイ）は七三回、朝鮮は三〇回、日本は一九回にすぎず、琉球が優遇されていたことが分かる。進貢回数は琉球は二年に一回、日本は一〇年に一回などと決められていたが、琉球の場合初期には毎年の進貢が認められていたうえ、明の入用な品々を東南アジアで調達し、朝貢していたという。通常朝貢するといわば倍するお土産を皇帝からもらっていたという。

明朝の初期の頃はまだ元、モンゴルとの戦いが続いており、馬の輸入が必要なところ、琉球で飼育されていた馬を軍馬として輸出できた、そのため明は船を琉球に支給し、その操船者も手配したということだった。南船北馬は当時の交通事情を表しているだけでなく、明にとって馬が必要だったということを指してもいる。そしてそれにとどまらず明は琉球を自国を頂点とする東アジアシステムに組み込み、琉球は明の商人に代わる活動を行い、明と東アジア各地との間の貿易の仲介を行うことで、地域の安定化に貢献したのである。（明は密貿易防止と倭寇対策のため海禁政策を取っていた。）

中継貿易を行うため、琉球王国の船は中国の産品を載せて東南アジアへ送られた。一五世紀ごろの東南アジアの貿易の中心はシャムのアユタヤ（バンコックができるのはのちのことである）とマレー半島のマラッカ王国であった。先に見た高良氏によると琉球の船はアユタヤとは一四二五年から一五七〇年までの一五〇年間で六〇隻、マラッカとは一四六三年から一五一一年までの五〇年間で二〇隻も出ていた。これらの地域で入手したものを明に入貢し、琉球王国は明を頂点とする東アジアの秩序を守ると同時に大いに潤ったのである。

2

中継貿易で繁栄していた琉球王国であるが、時代が進むと東南アジア周辺の諸情勢は急激に変化していった。シャムはビルマ（ミャンマー）に何度も攻められ、一五七五年には一時アユタヤ朝が滅んでいる。シャムに行った最後の船は一五七〇年である。またマラッカ王国はポルトガルに一五一一年に滅ぼされた。同年にマラッカとの最後の船が往来している。琉球王国は頼りにしてきた東南アジアの二拠点との貿易ができなくなった。

それだけではない。明の海禁政策も変わってしまった。明朝は、一六世紀に入り倭寇の跳梁を抑え、明の商人たちの要望を入れるため、一五六七年に海禁政策を緩和したことがあった。（中国人に日本以外のアジア諸国との直接交易を認めた。）その後海禁政策は強化されたり、緩和されたりした。いずれにせよ東アジアシステムの中で琉球の活躍の場は狭められていった。

また戦国時代に戦費調達のため鉱山開発が進んだ日本が天下統一に向かい、安土桃山時代から江

首里城の第二楼門だった守礼門　© Okinawa Convention & Visitors Bureau

戸時代初頭にかけて、朱印船貿易を行うとともに、大商人たちが競って豊富な銀を持って東南アジアに進出し、多数の日本人町を形成するほど貿易活動を行うにつれ、琉球の中継貿易は衰退した。もっとも明は朱印船を受け付けなかったので、琉球の役割は限定的だが、残った。また琉球と東南アジアの日本人町との貿易は続けられた。

琉球にとってマラッカの滅亡はマラッカのおさえていた東南アジアの市場を失うことを意味した。そこで琉球は安南、スンダ、パタニと直接の取引を活発化したが、マラッカを失った影響は大きかった。そのうえポルトガルが南シナ海、東シナ海に進出し、マカオ付近で貿易活動を行い始め、マカオ—長崎が結ばれることになると日本と中国、日本と東南アジアの間の中継貿易がマカオ中心に行われるところとなり、ポルトガルが琉球の役割を奪ってしまった。

一六〇九年薩摩藩は琉球に攻め入り、それ以降琉球王国は表向きは中国の支配下にありながら、内実は薩摩藩と徳川幕府の従属国であるという微妙な国際関係の中で存続した（琉球処分）。琉球は薩摩藩の許す範囲で貿易活動を行っていくことになった。また琉球王国の一部だった奄美大島などは薩摩藩が直接統治することとなった。

このようにして中世から近世初めまでの琉球はその役割を終えたのだった。ポルトガルからの鉄砲伝来により日本の歴史は大きく変わったのは事実だが、ポルトガルの登場により琉球はそれに劣らず激しく変貌したことを我々はよく承知しておく必要がある。

なお、清は一八世紀になり広東貿易をはじめ、一九世紀のアヘン戦争の敗北ののち海禁政策を弱め、日本も一九世紀中ごろ開国してアメリカ、ヨーロッパと直接貿易を行うことになった。これにより、広州や上海などの中国の開港五港や横浜、長崎などの日本の開港五港に貿易の中心は移り、琉球の東シナ海での中継貿易の地位は完全に失われてしまった。日清戦争後は台湾が日本の領土となり、琉球が日本の最西南に位置するわけでなくなり、地理的条件すら変更されてしまったことを付記しておこう。

3

二千円札に印刷されている守礼の門は尚清王（在位一五二七～五五年）の時に建てられた。篇額は尚永王（在位一五七三～八八年）の頃から明の万暦帝の冊封の詔勅にあった「守禮之邦」を掲げるようになった。明の作りあげたシステムのルールを守っていることを明の皇帝に証明してもらっているようにみえる。

そのような琉球は自分達をどうとらえていたのだろうか。尚泰久王（在位一四五三〜六〇年）の命令で鋳造され（一四五八年）、首里城正殿にかけられたと伝えられる鐘が「万国津梁の鐘」である。その銘文の出だしは、「琉球国は南海の勝地にして、三韓の秀を鍾《あつ》め　大明を以て輔車《ほしゃ》となし　日域を以て唇歯《しんし》となす　此の二つの中間にありて湧出せる蓬莱島なり」となっている。（輔車とは頬骨と下あごのこと、唇歯とは唇と歯のこと。）

南海の勝地、蓬莱島と自分の国を讃えることはよくわかる。「三韓の秀を鍾め」と宗主国の中国より先に朝鮮が書かれている。これは朝鮮の優れた文化を取り入れたということを言っているのである。琉球では仏教を招来し、高句麗大蔵経を高く評価する伝統があったという。大明が中国、日域は日本のことであって、この両者を等距離に見ている雰囲気がうかがわれることも面白い。

時代は下り、西暦二〇〇〇年に我が国はG8サミットのホスト国を務めた。小渕恵三総理が前年に沖縄に招待することを明らかにし、小渕氏死亡により、森喜朗総理がアメリカ・クリントン大統領、フランス・シラク大統領、ロシア・プーチン大統領、イギリス・ブレア首相らを招いたサミットである。「九州・沖縄サミット」と呼ばれたが、メーン会場は名護市部瀬名岬に新設されたコンベンション施設であった。たいへん眺めのよいところで、世界中から取り寄せた建築素材に琉球瓦、琉球石灰石、月桃紙など沖縄ならではの自然素材を組み合わせた施設である。名称は「万国津梁館」である。古来からの琉球の言葉であり、まさにサミットにふさわしく万国に梁をかけるとは納得できる。

第二章　マカオ

現在マカオは中国の特別行政区である。返還前のポルトガル領マカオはリスボア・カジノだけが賑やかで、それ以外の地域は全く静かだったものが、ここ最近はラスベガスのヴェネチアンがサンズ・カジノを、カジノの帝王スタンレー・ホーがフォーチュナ・カジノをオープンさせ、めまぐるしい変化を遂げ、ギャンブル収入でラスベガスを抜いたといわれている。また一九五四年に地元の自動車愛好家の手によって始められたマカオ・グランプリは今日では世界的にも知られている市街地レースである。

1

珠江が南シナ海に流れ込む位置にあるマカオは、もともと、漁民や蛋民《たんみん》と呼ばれた水上居民を中心とする村であった。その後東南アジアなどとの通商が始まり、貿易の町として栄えてきた。ポルトガル人は一五一一年には東南アジアの貿易活動の中心地マレー半島のマラッカに達していた。その二年後の一三年には探検家のジョルジュ・アルヴァレスはマラッカから北上し、珠江デルタのリンチン島に上陸した。一六年になるとインド副王のアルブケルクは中国と通商関係を結ぼうとラファエル・ペレステレロ（新大陸発見のコロンボ〈コロンブス〉のポルトガル人妻フィリッパのいとこ）を使節として送ったところ、広東の商人との関係構築はできたが、明朝側から内陸に進むことを止められて、帰路についたという。

一五一七年にはフェルナン・アンデレーデがマニュエル一世国王の使節となって広東まで来た。しかし明朝の朝貢国だったマラッカの王からポルトガルと通商関係を結ばないよう要請されたため明朝はポルトガルに厳しく対応し、ポルトガルの朝貢を認めなかった。（したがって正式な貿易はできなかった。）一五二一、二二年の戦闘では明朝はポルトガル側を撃退したという。なお、この使節に加わっていたトメ・ピレスはその後にアジア各地を紹介する『スーマ・オリエンタル（東方諸国記）』を著している。

そのような事情で中国近海に来航していたポルトガル人は、浙江、福建、広州の沿岸で密貿易を長らく行っていた。一五四〇年代になると広州沖合の山川島（サンションアン）を碇泊地として中国側と海上で交易していた。

カピタン・モール（艦隊司令官）のレオネル・デ・スウザは一七隻の艦隊を率いて日本に向かっていたところ、広東の官憲に税を支払うと中国側と交易できることを知って、交渉に入り、賄賂も支払い、一五五四年には密約がなり、ポルトガルはマカオに船を停泊させること、広東城に入って貿易できることとなった。スウザはこの功績でのちのマカオ総督に当たる職についている。

一五五七年にはポルトガル人のマカオ居留が認められた。もっとも明および続く清の時代を通じてマカオは中国が領土主権を有し、中国の海関（税関）が設置され、中国の官吏がマカオ内に自由に出入りしていた。一方ポルトガルはマカオをインド副王が治めるポルトガル領インディアに属させ、当初はカピタン・モールが責任者であった。一五八三年に市に昇格し、翌年には議会設置が承認された。それから長らくの間、マカオは中国大陸における唯一のヨーロッパ人居留地となった。

当初のマカオの貿易はインドや東南アジアで買いつけた物産を中国に輸出し、中国から絹や陶磁器などを東南アジアや欧州にまで輸出するいわゆる南海貿易であったが、その後次に述べるように日本とマニラとの貿易が加わり、急速にマカオを中心とする貿易が盛んに発達していった。マカオはポルトガルの東シナ海、南シナ海貿易の中心となっていった。

まず日本との貿易である。中国との貿易がまだ密貿易だった時期の一五四三年にポルトガル人が海賊の王直の船で、種子島にたどり着き、間もなくポルトガル船が平戸、大分、長崎などに寄港することとなった。大村純忠は一五七〇年長崎を開き、翌七一年からポルトガル船が入港するようになり、ポルトガル人は日本との貿易を発展させていった。これは倭寇に苦しんだ明朝が日本との貿易を禁止したため、日本船が中国に来航できず、ポルトガルがその代行者として参入したからである。つまり当時の日本はマラッカ、マカオを根拠地とするポルトガル人から鉄砲や南蛮品のほか、中国の絹や陶磁器を買い求めたのであった。また日本には銀が産出した。信長、秀吉、家康による天下統一に向かうとともに先進的な鉱山技術が導入されて、金、銀、とりわけ銀の生産量が飛躍的に増加し、経済発展の著しい中国が通貨として用いる銀を欲していたことから日中中継貿易が伸張し、ポルトガルは莫大な利益を得ていた。（のちにオランダがポルトガルを追い出したのは日中中継貿易に食い込むためだった。）

マニラとの貿易も加わる。一五八〇年にはポルトガルがスペインとの同君連合（以降八〇年間スペイン皇帝はポルトガル国王でもあった）となり、八二年にフェリペ二世への忠誠を宣言すると、マカオとスペインの植民地マニラとの間の貿易ルートの開設が認められた。周知のとおりスペイン船がマニラ―アカプルコ間の航路を開き、このルートはメキシコ横断後、大西洋を渡ってセビリアを経由してマドリッドまで繋がっていたので、マカオにとってマニラと結ぶことはいわば大きな販路を得ることだった。その対価としてメキシコ銀がマカオに流れ込んだのだった。

そのころから数十年間マカオは繁栄を極めた。貿易は①マカオ―マラッカ―ゴア―リスボア、②広東―マカオ―長崎、③マカオ―マニラ（―メキシコ―マドリッド）の3ルートで、マカオは東アジア貿易の、今日の言葉でいえばハブとなったのであった。その中で長崎との間が一番儲かったという。

2

一六三八年、徳川幕府はポルトガル船の来航を禁止する。困ったマカオは一六四〇年に通商の再開を求める使節を日本へ送るが、「来るな」と警告を発していた幕府は使者を処刑したという。一方、ポルトガル本国では一六四〇年にブラガンサ朝が成立し、スペイン支配から離脱することとなったが、これによりマカオ―マニラ貿易は停止された。長崎、マニラの両貿易をほぼ同時に失ったマカオは窮状を訴えるため四七年にポルトガル使節を再度長崎へ派遣し、貿易再開を願うが、拒絶され、以後日本とポルトガルとの間の貿易は途絶えた。（この時は国王の交代を報告し、新国王が就任したということで処刑されなかった。ブラガンサ朝成立の報はマカオに一六四二年に伝わったという。）その後、日本貿易はオランダが独占した。

オランダの登場は東アジア情勢を変えていた。ポルトガルは香料諸島を一六〇〇年以降の争奪で失い、一六二二年にはオランダによるマカオの封鎖が起こり、一六四一年にはマラッカを激戦のうえオランダが占領したので、ポルトガルの東アジア地域の支配はいっそう弱まった。前後するが、スペインとの同君連合となると皇帝からの命令でポルトガルがオランダ船のリスボン寄港を締め出す（一五九八年）とオランダはアフリカ、南アメリカ、アジアのポルトガル植民地に攻撃をかけ、香料、奴隷と砂糖の貿易をめぐって戦いを繰り広げた。オランダ・ポルトガル戦争と呼ばれる。ポルトガルはアフリカ、南アメリカでの反撃に成功したが、アジアでは敗退を続けた。マカオ封鎖はポルトガルがはね退けたが、このころからマカオを維持することもたいへんとなった。

そのうえマカオに困難が襲う。一七世紀の明清交代期には、清は南下して一六五〇年には広州にまで達していたものの、台湾の鄭氏政権にはてこずっていた。清朝はつとに出していた海禁令に加え、中国沿岸地域の人々に遷界令を発して沿岸地域に住むことも禁じ、貿易をさせないようにした（一六六一年）ために、マカオはかつてない混乱に陥り、没落するところとなった。鄭氏が清朝に降伏すると貿易は再開された（一六八五年）ものの、かつての販路（長崎、マニラ、マラッカ）はなくなったままだった。

そこでマカオはティモール島の植民事業に注力し、一応の回復を見せたが、一八世紀中頃清朝が広東を貿易の拠点として開き、欧米諸国の貿易船を受入れ、いわゆる広東貿易が発展するとマカオの貿易の拠点としての魅力はいっそう低下した。

3

マカオは日本や中国に対するカトリック教会の布教の拠点であった。またベトナムなどインドシナへの貿易・布教への拠点でもあった。すでに一五七五年には司教区となっていた。マカオにあるサン・パウロ天主堂跡は聖パウロに捧げられたポルトガルの一七世紀の大聖堂の遺跡である。一五八二年から一六〇二年の間にイエズス会士の指揮によって建設された天主堂は当時、アジアで最大のカトリック教会だった。ヨーロッパの王侯貴族は競って寄進をしたという。天主堂は火事(一八三五年)によって失われ、今は南側のファサード部分が残っている。実はこのファサードが重要で、ファサードの彫刻にはイエズス会の設立者の像、中国をあらわす龍、日本をあらわす菊などが彫られている。イタリア人の指導のもと、中国の職人、本国を追われた日本人キリスト教徒によって、一六二〇年から二七年の間に彫刻されたものである。二〇〇五年にはマカオ歴史地区の一部として世界遺産に登録された。

天正遣欧少年使節は行きには一五八二年に、帰国の途上では八八年にマカオに寄ったが、その前年、秀吉がバテレン追放令を出していたため、マカオで足止めされ、ようやく一五九〇年長崎へ帰国できた。行きはこの天主堂の建設が始まった時期で、帰路の一年一カ月の滞在中には建設が進捗してゆくのを楽しんだものと思われる。なお、禁教令により一六一四年に日本を脱出した原マルティノは二九年六〇歳で死ぬまでマカオに留まったので、四人の中では原マルティノだけが完成した天主堂を見て、礼拝することができたということになる。

フランシスコ・シャビエル（ザビエル）は広東沖合の上川島を出発して一五四九年鹿児島に上陸した。そして二年半後、大分を出発して、中国での布教を目指して上川島に留まっていたところ、五二年一二月同島で没した。遺体はポルトガル領だったインドのゴアに安置された。ところが、右腕の下腕（肘から手指までの部分）は一六一四年ローマのイエズス会総長の命令で切断され、ローマのジェズ教会に安置された。一方、右腕の肩から肘までは、一九年にイエズス会員の要望を受けて、イエズス会総長がゴア管区長に切り取って日本に運ぶよう命じたが、キリスト教迫害下の日本では安全が保証されないとのことから、マカオに送り返され、以後約二〇〇年間はサン・パウロ天主堂に保管されていた。前に述べたようにサン・パウロ天主堂が一八三五年に焼失した後、聖アントニオ教会に置かれ、現在は聖ヨセフ修道院に保管されている。ザビエルの遺体の本体がゴアで、腕は長い旅を経た後にローマとマカオに安置されているとは驚きだ。

マカオのイエズス会神学校コレジオを設立し、天正遣欧少年使

サン・パウロ天主堂跡は世界遺産「マカオ歴史地区」の一部となっている

節の派遣を思い立ち、実行させたアレッサンドロ・ヴァリニャーノ神父も一六〇六年マカオで没し、サン・パウロ天主堂に埋葬された。一九九〇年から九五年にかけて遺跡の発掘が行われ、日本人キリスト教徒や修道僧の遺骨とともにヴァリニャーノ神父の遺骨も発見されたという。

なお、マテオ・リッチなどのイエズス会宣教師はマカオで中国語を学んでから北京などに送り込まれたそうである。

4

大英帝国がアヘン戦争に勝利して、一八四二年に香港島を獲得すると、ポルトガルも一八四五年に「マカオ自由港」の成立を宣言して清国の税関官吏を追い出し、ポルトガル軍がタイパ島とコロアネ島を占領し、最終的には一八八七年に清葡友好通商条約が締結され、ポルトガルが統治権を獲得し正式に同国の植民地とした。そのようなマカオに翌八八年ヴィンセスラウ・モラエスは赴任してきて、マカオ港の副司令として勤務し、一〇年後の九九年神戸の領事館勤務となるまでマカオに住んでいた。

それから一〇〇年たって一九八七年ポルトガルと中国は共同声明を発し、マカオは一九九九年に中国に返還された。(香港は一九九七年イギリスから中国に返還された。)一六世紀初めからのポルトガル領マカオは終了したが、周知の通りマカオ基本法を実質上の憲法として運用する一国二制度が適用されるので、ポルトガルから受け継いだ現行の社会制度を二一世紀中葉まで返還後五〇年間にわたって維持することになった。

返還の際カジノなどから上がった資金をポルトガルに移送することについて中国側は同意し、ポルトガルにオリエンテ財団が設立され、中国や日本、その他東洋の美術品などはリスボンのドッカ（ドック）地区近くに最近完成したオリエンテ美術館に展示されている。またその資金でマカオの若い有能な者をポルトガルで勉強させるプログラムも設けられたので、ポルトガル留学組がこれからのマカオを担うものと思われる。

第三章　フィリピン

一五二一年ポルトガル人フェルナン・マガリャンイス（マゼラン）の指揮するスペイン遠征隊は西回り航路による世界一周途上、フィリピンに達した。この画期的な成果によりスペインとアジアの距離がいっきょに縮まったはずだったが、スペインにとってフィリピンを貿易の中継地点として利用することも植民地化することも容易でなかった。これはトルデシリャス（およびサラゴサ）条約によりスペインはフィリピンから太平洋を東へ戻らなければならないが、ヌエバ・エスパーニャ（メキシコ）へ達する航路を見つけることができなかったからであった。

1

ポルトガルと競争関係にあったスペインはフィリピン、マルカ（香料）諸島との交易を目指して一五二五年にはロアイサ遠征隊を、二七年にはサアヴェドラ遠征隊を、四二年にはピリャロボス遠征隊を派遣した。このうち三番目のピリャロボスは王太子フィリッペ（フェリペ）二世にちなんで諸島をフィリピンと命名したことで知られている。しかしいずれも遠征先の原住民の抵抗にあい、また航路を発見できず、新大陸に戻ってくることはできなかった。

一五六五年ミゲロ・ロペス・デ・レガスピ遠征隊はセブ島に上陸するとともに直ちに孫のフェリペ・デ・サルセドとアンドレス・ダ・ウルダネタに帰路を捜させた。フィリピンから日本近海まで北上し、偏西風を利用して同年中にメキシコのアカプルコに戻ることができた。これによりフィリピンの発展が期待できることになった。マガリャンイスから四四年たっていた。

レガスピは当初セブ島に根拠地を置いたが、地元住民の抵抗にあい、ポルトガル船の攻撃を受け、パナイ島に移ったものの、結局マニラを目指すことになった。当時スル諸島、ミンダナオ島にイスラム勢力があり、マニラのスルタンはブルネイ王国のイスラム王と縁戚関係にあったという。一五七〇年レガスピはマルチ・デ・ゴイチにマニラ遠征を命じたが、スルタンとの交渉は不調だった。翌七一年レガスピは自ら全軍を率いてマニラに向かい友好条約を結ぶことに成功した。

レガスピは同年六月マニラのパシグ川左岸にスペイン人居住区を設け、マニラ市誕生を宣言し、首都建設を始めた。（これが城壁都市イントラムロスである。）スペイン帝国の新大陸支配はペルー副王領とヌエバ・エスパーニャ（メキシコ）副王領からなり、フィリピンはメキシコの植民地、つまり植民地の植民地だった。マニラはスペインの支配するインディアスの最西端の都市自治体で、スペイン市民により構成される立法権、行政権、司法権を持つ市会により統治された。

フィリピンの建設が進むと、レガスピに伴ってきたアウグスティヌス会に次いで、フランシスコ会（七八年）、イエズス会（八一年）、ドミニコ会（八七年）などの修道会が来島し、布教を始めた。一五七八年に設けられたマニラ司教区は九五年には大司教区に昇格し、ヌエバ・カセレス司教区、ヌエバ・セゴビア司教区、セブ司教区、ハロ司教区が設置された。三〇〇年以上にわたる布教はフィリピン支配に役立てられただけでなく、フィリピンがスペインのカトリシズム世界に囲い込まれ、フィリピンを他の東南アジアと切り離すことにつながった。

なお、マニラと長崎の発展が同時期だったことは感慨深い。大村純忠は一五七〇年一〇〇人ばかりの寒村だった長崎をイエズス会に寄進し、翌七一年からポルトガル船が入港するようになり、秀吉は一五八八年天領とし、長崎の発展が始まったからである。

2

スペイン人の期待にたがわず、マニラには引き続き周辺各地から商人が訪れていた。ブルネイ人、シャム人、カンボジア人、中国人、そしてポルトガル人と日本人があらゆる物資をもって集まってきた。とりわけ福建商人は生糸、絹織物、陶磁器などを船載してきたので、スペインは王室船のガレオン船でマニラからメキシコのアカプルコに運んだ。その代金には新大陸で産出される銀がフィリピンに、そして中国へと運ばれた。

マニラ・ガレオン貿易が隆盛してくると、スペイン本国のセビリアの特権商人たちはガレオン船は年一回、新大陸のアカプルコ港のみを認める、スペインの絹織物業が衰退すると積み荷価額の制限を設ける、荷の積み込み権はフィリピンに一〇年以上住んだスペイン市民に限るなどと決められたが、守られなかったようだ。スペイン帝国では植民地間の貿易は禁止されたが、同君連合(一五八〇年成立）のポルトガル側の強い要請、確執もあって、マカオ―マニラ間の貿易は認められた。スペインはマニラにとどまって各地からもたらされる貿易品を入手することとした。（待ち受け貿易という。）マニラ・ガレオン貿易の飛躍的拡大によりマニラは急速に勃興し、繁栄した。

中国人の場合は貿易商人だけでなく、マニラへの出稼ぎ移民が急増した。フィリピンにはスペイン人の数をはるかに上回る中国人が定着した。中国人の居住地区を定め、人口の上限を決め、カトリックへの改宗を進めたが、一六〇三年以降中国人の反乱や虐殺事件も起こった。現地人との混血の子孫は中国系メスティーソと呼ばれ、一大勢力となった。

世界的な銀産出を誇った日本銀の投資先を求める日本商人もやってきた。中国の明朝が海禁令の緩和（一五六七年）を日本には適用しなかったので、日本人が中国商品や南蛮商品を求めてマニラに来航した。マニラの日本人町は東南アジアの日本人町の中でも古いほうだった。一六〇六～八年には日本人一五〇〇人規模の反乱があった。また一六一五年のファン・デ・シルバ総督のマルカ諸島遠征には日本人傭兵五〇〇人がいたという。

3

スペインとポルトガルの間には植民地化の初期にはフィリピンの領有そのものをめぐって、また、マルカ（香料）諸島の領有をめぐって確執が続いたが、両国が同君連合になって、争いは静まった。しかし、スペインのフィリピン支配には国難が続いた。ひとつには、一七世紀になるとオランダがマルカ諸島に進出したため、スペインはフィリピン近海の防備を固めなくてはならなかった。また南部のイスラム勢力からカトリック化した地域を防衛することも必要だった。両方の防衛のための軍事的支出が嵩み、フィリピン総督府の財政は赤字続きだったという。

このうちのオランダとの関係をみよう。オランダは独立を目指して一五六八年からスペインと戦闘に入り、宗教（三〇年）戦争を終結させるウェストファリア条約の結ばれた一六四八年まで続いたので、オランダ独立戦争は八〇年戦争と呼ばれている。私たちはこの戦争はヨーロッパのものと思っているが、フィリピンやその周辺海域でも多くの戦闘があった。

一六〇〇年には西回り世界一周途上のオランダのヴァン・ノールトの船隊がルソン島に到着したが、スペイン側は追撃しオランダ船はたいへんな損害を受けていた。一六〇五年にはオランダはマルカ（香料）諸島のティドレ島とアンボン島からポルトガル勢力の追い出しに成功した。〇六〜〇七年にはマニラ総督はマルカ諸島のテルナテ島をティドレ島のスルタンの援助を得て確保したが、オランダは反撃に出てスペインを追い出し、テルナテ島にオランダの砦を築いた。〇九〜一〇年にはオランダがフィリピンのイロイロを攻撃し、スペイン側は海上でオランダ船を捕獲して対抗した。一五〜一七年の間スペインはポルトガルと共同作戦をとって、オランダ船を撃沈していたが、一八年にはオランダは反撃してマニラ湾を半年にわたり封鎖し、さらに二一〜二二年になるとイギリスと共同しマニラ湾を一六カ月にわたり封鎖をしていた。

台湾からスペイン勢力を追い出したオランダ（第四章に詳述）は本格的にマニラに迫ったが、一六四六年のラ・ナヴァル・デ・マニラと呼ばれる海戦でスペインが防衛に成功するまで、この地域での攻防は続いた。一方、すでに四一年にはオランダは激戦の末、マラッカをポルトガルから奪っていた。ヨーロッパで宗教戦争の終了する四八年までアジア地域でも戦争が続けられ、オランダが優越的な地位を占めるに至った。

4

日本との関係をみよう。一五八七（天正一五）年薩摩の島津を倒し、九州を平定した豊臣秀吉は貿易の窓口であった長崎を直轄地とし、さらに対外活動を活発化させた。島津を通じて琉球に、対馬の宗を通じて朝鮮に服属要求を突き付けた。一方、天正少年使節がポルトガル領インドの総督の使節（ヴァリニャーノ）とともに帰国すると、一五九一年には秀吉はインド総督への返書をしたため、その中で大明国を治めんと欲し、インドにも赴くべしと威嚇するとともに、ポルトガル領インドとの間では修好し、商売の往還を許すと南蛮との交易を求めた。

一五九一年九月秀吉はルソン島のマニラ総督にあてた入貢を促す書簡を、堺の豪商原田喜右衛門の手代原田孫七郎に届けさせることにし、キリスト教の布教を伴わない南蛮貿易を求めようとした。孫七郎は翌九二年に届けた。ダスマリニャス総督は憤慨するが、スペイン側にとって国際環境は著しく不利だった。スペインの無敵艦隊の敗走の翌年の一五八九年にスペインを出発し、九〇年に着任した総督にとって、本国に援軍を頼むとしてもたいへんな日時と出費を要することは分かっていたし、イギリスと一緒になって無敵艦隊と戦ったオランダは東アジアの海域に進出してきており、いつマニラに到達するか、という状況であった。また文禄の役にあって朝鮮の漢城（京城）が陥落し、フィリピンや東南アジアに滞在する傭兵となっている日本人が秀吉の意向に沿って動き出すかもしれなかった。そこで本国に秀吉から威嚇と入貢の要求があった旨の報告をするとともに秀吉に返事を書き、日本と友好関係を持ちたいこと、身分の高い使節の派遣を要請するなどして、使者としてドミニコ会士ファン・コボスを日本へ派遣した。また日本人の来襲を恐れ、ルソンの日本人をマニラのデイオラ地区に集団居住させ、イントラムロスの城壁を強化した。コボスは九二年朝鮮への基地となっていた肥前名護屋にいた秀吉に返書を届けた。返答はスペイン本国からの訓令を待っているというものだった。その際キリスト教の布教を求めたが、許可されず、秀吉からはダスマリニャス総督宛ての書簡を預かることになった。しかし、帰路で遭難したため秀吉の書は総督には渡らなかった。

秀吉は再度総督あてに書を届けるため原田喜右衛門を送り、喜右衛門は翌九三年マニラに到着した。総督はフランシスコ会士ペドロ・バウチスタを特使として肥前名護屋へ派遣したところ、秀吉は重ねて服従と入貢を要求し、バウチスタ達は秀吉に本国よりの正式の返事が来るまでの滞在の許可を得、数ヵ月後には京都の妙満寺跡の広大な土地を与えられた。バウチスタ達は修道院を建て、一部をルソン使節館とし、また、西洋式病院を二つ開設して、ハンセン病患者や貧しい病人を収容していた。

マルカ諸島遠征に出たダスマリニャス総督は漕ぎ手の中国人たちの反乱で殺害され、息子ルイス・ペレス・ダスマリニャスが総督に就任した。翌九四年同総督の使者アウグスティン・ロドリゲスは京都に着いた。口実を設けて回答を引き延ばす返書を持ってきたが、文禄の役の休戦交渉時で秀吉は忙しく、使節に会うことはなかった。

バテレン追放令（一五八七年）の後イエズス会は京阪神を去って九州で自重しながら布教していたが、マニラから送り込まれたフランシスコ会等はイエズス会の消極性を批判して布教を強力に進めた。そこへ九六年一〇月フィリピンからメキシコに向かうサン・フェリペ号が土佐に漂着する。生糸、唐木綿を満載していたが、秀吉は没収を命令する。のちにテーリョ・デ・グスマン総督から抗議を受けても秀吉は積荷の没収は変えず、乗組員、乗客はフィリピンに送り返した。マニラ総督はさらに抗議するとともに象の贈り物をしたが、秀吉は象に喜んだものの処置は変えなかった。そして積荷没収から四〇日後、秀吉はフランシスコ会士らが公然と宣教しているのはバテレン追放令違反であるとして、六名の同会士らを含め合計二六名を捕え、京都から長崎まで護送し、九七年二月長崎西坂で磔刑に処した。日本―スペイン、フィリピンの関係は悪化した。

なお、一五九六（文禄五）年九月、秀吉は来朝した明使節を謁見、秀吉の考えていた和平の条件が全く受け入れられていないと激怒し、使節を追い返すとともに朝鮮への再出兵を決めた。九七（慶長二）年二月には西国諸将に動員令が発せられ、慶長の役が始まった。しかし翌九八年秀吉は亡くなった。

5

一七世紀に入るとマニラと日本との貿易が盛んになる。これは家康がスペインとの貿易を強く望んだことによる。家康はマニラ・ガレオン船が関東近海を航行することを承知しており、秀吉が死亡して間もない一五九八（慶長三）年フランシスコ会士ヘロニモ・デ・ヘススを引見して、スペイン船の渡来と銀山開発技術の伝授斡旋、日本船のルソン、メキシコでの受け入れを依頼した。ヘススはマニラ総督に報告、総督はメキシコ副王へ伝達したが、返事は来なかった。

一六〇〇（慶長五）年に豊後に漂着したオランダ東インド会社のリーフデ号の航海長だったウィリアム・アダムス（三浦按針）を家康は外交顧問として抱え、翌〇一年家康はペドロ・アクーニャ総督に友好的な通商関係の確立、日本人海賊の処刑などを記した書簡をペドロ・ブロキーリ修道士に届けさせるとともにヘススも送り込んだ。〇二年同総督が浦賀に向けて派遣した船は豊後の臼杵に入港してしまう。この船に託された書簡で、同総督は家康に日本人海賊の取り締まりを求める一方で、家康の希望する関東にスペイン船を送ること、日本船をマニラに受入れることを認め、船舶建造などのための技術者派遣は権限外であると断った。そしてヌエバ・エスパーニャ副王とスペイン国王にその旨報告した。

同年一〇月マニラ・ガレオン船のエスピリツ・サント号が暴風雨のため土佐清水に入港した。積荷の一部没収などが起きたが、抗議を受けた家康はそれを処理するとともに、アクーニャ総督に朱印状を下付し、マニラ・ガレオン船の寄港を求めた。翌〇三年には家康の命を受けたウィリアム・アダムスがマニラに赴き、家康支配下の地域へスペイン船を寄港させるよう説得をした。しかし、マニラの商人の抵抗があったため、スペイン船が浦賀に入港したのは〇八年になってからであった。しかもその船に託された書簡には、朱印船の数を毎年四隻に減らすよう求めていた。

一六〇九（慶長一四）年三隻のマニラ・ガレオン船がメキシコへ向け東航中難破した。そのうち三七三人が乗ったサン・フランシスコ号が房総岩和田（御宿）で座礁する。同船にはたまたま帰国途上のロドリーゴ・デ・ビベロ前ルソン臨時総督が乗船しており、日本滞在中ビベロは江戸に出て将軍秀忠に会見し、駿府の家康を訪問した。これはフランシスコ会士ルイス・ソテロを介して実現したものだった。両国間の通商交渉が開始され、家康とビベロはメキシコとの貿易や鉱山技師の派遣などについて協定を結び、ビベロはそれをスペイン国王に進言することになった。

家康はビベロを帰すためウィリアム・アダムスに命じて洋式船サン・ブエナベントゥーラ号（按針丸）一二〇トンを建造させた。翌一〇年この船はビベロ、家康の使臣アロンソ・ムニョスらと京の商人田中勝介、朱屋隆成や堺の商人山田助左右衛門ら二三人を乗せ、浦賀を出帆、メキシコに向かった。田中勝介らはメキシコで交渉したが、家康の教商分離政策があるため成功しなかった。またビベロがヌエバ・エスパーニャ副王、スペイン国王へ意見具申したものの、スペイン本国は日本との通商はフィリピンを窓口にするとの意向を示すにとどまった。

一一年ヌエバ・エスパーニャ副王ルイス・デ・ベラスコはビベロら遭難者に与えられた援助につき家康、秀忠に礼を述べるため答礼使セバスティアン・ビスカイノをサン・フランシスコ号で日本に派遣した。この時スペイン製の機械時計が家康に贈られた。田中勝介らも帰国した。翌一二年ビスカイノは家康と秀忠からのヌエバ・エスパーニャ副王宛の書簡及び贈物を携えて帰国の途についたが、難破して浦賀に引き返し、その間日本の沿岸を測量して作成した地図の一部を家康、秀忠に献上している。

一三（慶長一八）年一〇月伊達政宗は家康と内通した上でとみられているが、メキシコ副王領との貿易を目指して、支倉常長を正使とする慶長遣欧使節を、日本船サン・ファン・バウティスタ号（陸奥丸）六〇〇トンに乗せて月の浦（宮城県石巻）からスペインに派遣した。同船の建造にはビスカイノが助言したという。その船にはビスカイノ、フランシスコ会士ルイス・ソテロと遭難船員ら約四〇人、伊丹宗味などの朱印船貿易商を含む日本人約一四〇人を乗せていた。

支倉らは一六一四年一月にアカプルコに上陸し、ヌエバ・エスパーニャ副王ディエゴ・フェルナンデス・デ・コルドバら貴顕の大歓迎を受け、その後スペインに向かい、一五年一月フェリペ三世に謁見して通商条約を締結しようとしたが認められなかった。日本との貿易がマニラ・ガレオン貿易と競合しているからという。一方、ソテロはローマ法王庁に日本における布教のための追加的援助を求めていたが、それも不調だった。

なお、支倉らは一五年一一月ローマで法王パウルス五世に謁見したのち、ヌエバ・エスパーニャへ戻り、同じサン・ファン・バウティスタ号で帰路につき、一八年四月アカプルコを出帆、八月マニラに着き、同船をオランダ対策ために所望するスペイン側に売った後、一六二〇（元和六）年長崎を経て宮城に戻ったのだった。

6

日本国内の情勢はキリスト教禁教に傾いていった。貿易の利益を重んじていた家康も一六〇五年のフィリピン総督あての書簡でキリスト教の布教の禁止の姿勢を示していたが、一二年には江戸・駿府・京都・長崎などの幕府直轄地での禁止を命令し、一四年には将軍秀忠の名でバテレン追放令が発布された。京、大坂よりすべての宣教師が追放され、キリシタンは長崎へ、あるいは北国へと流罪になった。原マルティーノらイエズス会修道士六二名、日本人信徒五三名がマカオへ、高山右近、内藤如安ら修道士、信者三五〇名がマニラへ追放された。

キリシタン大名の高山右近は秀吉の禁教令により信仰を守ることと引き換えに領地と財産をすべて捨てることを選び、世間を驚かせた。その後しばらくは小豆島や肥後などに隠れ住むが、一五八八（天正一六）年からは前田利家に招かれて金沢に住んでいた。一六一四（慶長一九）年のバテレン追放令を受けて、人々の引きとめるなか加賀を退き、長崎から家族とともにマニラにわたった。マニラでフアン・デ・シルバ総督らに歓迎の祝砲と歩兵による大歓迎を受けた。しかし、船旅の疲れや慣れない気候のため四〇日後の翌年二月に息を引き取った。葬儀は総督の指示によってマニラ全市をあげてイントラムロス地区内の聖アンナ教会で盛大に行われたという。

スペイン滞在中国王一家の立会いのもと洗礼を受けた支倉常長（ドン・フィリッポ・フランシスコ）は禁教が強まる中に帰国し、その二年後一六二二年失意のうちに死去した。

一六一四年までにマニラから日本に潜入した聖職者は七〇人を超え、元和の殉教の翌一六二四年には潜入を防ぐためスペイン船の日本渡航が禁止され、朱印船のマニラ寄港も停止された。こうして日本とスペインの関係は途切れることとなった。

マニラ・ガレオン貿易は一五六五年から一八一五年まで二五〇年間続いたが、メキシコ独立戦争とナポレオン戦争によって終焉を迎える。メキシコ独立によりフィリピンはスペインの直轄の植民地となり、一八三四年からはマニラ港はスペイン以外の国々にも開かれた。

第四章　台湾

ポルトガル人はマラッカやマカオから北上して琉球、種子島を訪れていた。その帰路台湾島を発見したという。種子島漂着の翌年一五四四年のことと言われている。多くの本には「イラ・フォルモーサ（美しい島）！」と通りかかった島に感嘆の声をあげ、いつしか「フォルモーサ」が島の名前になった。私自身も数十年前の英語のスピーチ・コンテストでフォルモーサを使っていた。当時は政治的に中立にひびく呼称としてフォルモーサが使用されていたからであった。

1

ポルトガル人は航海上のすべての島を探検、発見しようとしたのではなく、経済的な価値のあるところへ急いだようだ。ところがこのように発見された台湾では大航海時代らしい、驚くようなドラマが繰り広げられることになった。これより先この海域は倭寇や海賊の活躍するところだった。倭寇と海賊は活動の舞台が交差していたばかりでなく、民族的にも日本人と中国人が混淆しているという共通点があった。彼らはこの地域を荒らしまわり、明朝の支配地域から官憲に追われると澎湖諸島に逃げ、さらに台湾に逃げた。明朝はマレー・ポリネシア系の住民の住む台湾を未開の地とみて、台湾まで深追いしなかったという。

ポルトガルやスペインのアジア進出に後れを取ったオランダは一五九六年に今日のインドネシアのジャカルタ（オランダ人はバタヴィアと呼んだ）に進出した。オランダ東インド会社、オランダ艦隊は中国や日本との貿易をもくろみ、中継基地を求めて、一六〇三年七月台湾海峡に位置する澎湖諸島に達した。明朝は台湾の巡検司を一三八八年に廃止していたが、オランダ勢力の到来を知り、軍勢を送り、オランダを追い出した。

しかしオランダは陣容を強化して、一六二二年にふたたび来襲し、澎湖諸島を占領した。明朝は二四年澎湖諸島へ攻撃を開始し、八か月にわたる攻防が繰り広げられたが、明朝はオランダの澎湖諸島撤退を条件に、オランダの台湾占領を認め、オランダとの貿易にも同意した。日本との貿易を始めていたオランダにとって、台湾はバタヴィアと日本との貿易ルート上にあり、日本との貿易に必要な中国産品の貿易も認められた。オランダは台湾がスペイン領フィリピンのマニラの代替となりうるとも目論んでいたという。

オランダは一六二四年台湾南部に上陸した。そして直ちに城塞の建設に取りかかり、八年余の歳月をかけて、ゼーランジャ城（安平古堡）を建設した。さらに一六二五年からはプロヴィンシア城（赤嵌楼）の建設をはじめ、五三年にようやく完成させた。オランダは台湾を貿易の中継地としてだけでなく、植民地として経営するつもりだった。オランダは台湾島で甘藷の栽培を始め、大陸から漢人の移住を奨励した。これはジャワ経営に漢人を利用した経験を生かしたものだった。先住民と漢人の人口は一〇万に達したという。

2

中継貿易の拠点として台湾を目指した勢力としてはスペインもあげられる。フィリピンの経営にあたっていたスペインはヨーロッパで独立を認めていないオランダが台湾南部を占領したことから、バシー海峡で約三五〇キロの地点にあるフィリピンの安全を確保し、日本、中国との貿易の利益をオランダに奪われないよう台湾北部への進出を考えた。スペインはオランダとフィリピンのパラワン島沖のプラヤ・オンダで三回の海戦に臨み（一六一〇、一七、二四年）、勝利したのち台湾に進出した。

マニラ進出から約五〇年後の一六二六年スペインは台湾の東北端に到達し、ここをサンチアゴ岬と命名し、その西の鶏籠（今日の基隆）にサン・サルバドル要塞を、二八年には今日の淡水にサント・ドミンゴ要塞（紅毛城）を築いた。翌年オランダは艦隊を派遣したが、スペイン側に退けられたという。こうして台湾島の南部と北部はヨーロッパで戦闘を続けていたオランダとスペインに別々に占領されたのだった。

台湾北部のスペイン勢力は台湾南部から日本との貿易を進めていたオランダ勢力を妨害したという。しかしスペインの目算は狂った。スペイン人の占領要員の多くが先住民の襲撃、マラリアなどの風土病に遭っていた。三八年にはサント・ドミンゴ要塞の放棄にいたり、スペインの占領態勢の弱体化を見たオランダは四二年になると艦隊を派遣し、三カ月の攻防のすえ同年九月にはサン・サルバドル要塞を陥落させ、スペインを追放した。スペインの台湾占領は一七年間で終わった。そんな短期間ではあったが、スペインは台北近郊の北投の硫黄の採掘や布教のための辞典を編纂するとともに、布教のための医療活動としてのマラリア治療を通して西洋医学の知識などを広めたという。

スペインも東アジアでフィリピンだけでなく、台湾にも進出しようとしていたのかと驚くが、実はそれだけではなかった。これより先スペイン勢力はカンボジアに進出を試みたことがあった。タイとヴェトナムに挟まれるカンボジアは、当時はメコン川流域の南ヴェトナム地方も領有していたので、メコン川を通じて南シナ海へつながり、近隣諸国や明朝の中国との貿易で富むとともに、首都ロヴェックにはタイ、ヴェトナム、マレー、ジャワ、スマトラからの人々に加え日本人、中国人、ヨーロッパ人などが集まっていたという。

一五八〇年代になってシャム(タイ)のナレスエン王は弱体のカンボジア王サシャを首都ロヴェックに攻めた。するとサシャ王は臣下のポルトガル人のディエゴ・ヴェローゾを使者としてマラッカへ赴かせ、ポルトガルの援助を求めた。これがうまくいかないとなると、マニラにスペインの援助を求めた。一五九四年スペイン勢力一二〇人がカンボジアに到着したが、すでに首都ロヴェックは陥落していて、サシャ王はラオスに流され、ヴェローゾはシャムで捕えられていた。派遣部隊の司令官のブラズ・ルイズも捕えられ、シャムに送られるところ、船をハイジャックして、ようやくのことマニラへ帰り着いたという。

そして今度はヴェローゾがナレスエン王の使者としてマニラに派遣された。しかしヴェローゾは寝返ってラオスにいるサシャ王の使者であると言って、スペイン側にカンボジアへの自由な入国を許可する、軍事援助の見返りにカンボジア国王がキリスト教に入信することなどを条約として結んだ。そしてヴェローゾらとスペイン軍勢はカンボジアのプノンペンに攻撃をかけたが、サシャ王と長男はすでに死亡していたことを知り、一五九七年二男をバロン・リチア王として王位につけた。しかし九九年になるとスペイン軍勢への攻撃が起こり、プノンペンのすべてのスペイン人は虐殺されてしまったという事件があった。

結局スペインのカンボジア進出は果たせず、アジア大陸にスペインは足がかりを設けることはできなかった。当時の東アジアがヨーロッパ勢力によって翻弄されていたさまがわかる。

3

オランダが台湾支配を進めていたころ、中国の北部満州に大清国が起こった。大清国に押されつつあった明朝は一六二八年東アジア海域で勢力を誇った海賊鄭芝龍を招致して、明朝立て直しを図った。鄭芝龍は軍事力と資金力で明朝を支えた。

実は鄭芝龍は明朝の海賊対策が強化されていたころ、九州の平戸島に住んでいたことがあり、その時日本人の田川マツと結婚し、二人の子をもうけていた。長男が鄭成功（子供のころは鄭森）である。母と子二人は鄭芝龍を追って一六三一年になって中国に渡った（鄭森七歳）。

弱体化した明朝の崇禎帝は自害（一六四四年）し、わずか一年の弘光帝のあと、隆武帝が立った。

そして鄭森二一歳の時隆武帝に明王朝の姓（国姓）の朱を与えられ、名も「成功」に改め、国姓爺鄭成功となった。

しかし四六年になると清軍の南下が進み、隆武帝は捕えられ、鄭芝龍は投降して北京に送られ、幽閉されてしまった。一方明朝では四七年に最後の帝である永暦帝が立ち、鄭成功は異民族王朝を認めず、漢民族明朝の復興を目指す「反清復明」の途を歩み続けた。六一年鄭成功は四〇〇余隻の艦船と二万五千の兵士を集め、澎湖諸島をまず陥しいれ、ついで台湾のプロヴィンシア城を攻め、翌六二年にはゼーランジャ城を包囲した。オランダ側のバタヴィアからの援軍が間に合わず、同年台湾は平定され、オランダによる三八年にわたる台湾統治は終わった。

この時以降台湾では鄭成功、鄭経、鄭克の三代にわたる鄭氏王朝が続いた。しかし鄭成功は大陸に反抗する根拠地の台湾を手中に入れ、日本に支援を要請し、勢力の拡充のためルソン攻略を計画したものの、渡台五カ月で病没した。鄭成功の後を継いだのが、長男の鄭経であるが、在位一九年間戦闘に明け暮れした。六三年には、勝利した際は金門島を与えると清朝が約束したことで戦いに加わったオランダ軍に敗れ、金門島を放棄した。第三代が鄭克で、そのころになると、内部抗争が激しくなり、清側は軍事的攻勢にとどまらず、鄭氏政権の文武官に対する誘引攻勢を進め、一六八三年には三〇〇余の艦船と二万余の兵員により澎湖島を猛攻し、その後鄭氏政権は崩壊した。

なお、鄭経のころ台湾経営はもっぱら陳永華が行い、儒学による文官試験を確立して人材の登用に努め、官制を整備し、土木を起こし、開墾を奨励し、米作、製糖、製塩、煉瓦製造の産業も始めた。台湾ではこれまでになかった政権だったとの評価がある。

4

日本人の琴線に触れる浄瑠璃を書いた近松門左衛門は江戸時代にあって、東アジア情勢をよく踏まえていた。清朝への帰順を決意する父と明朝への忠誠をたて父と対立する鄭成功の苦悩、夫と子の狭間にあって苦しむ母の物語が近松の『国性爺合戦』である。ここでは南下する清は韃靼、鄭成功は和藤内と表現されている。一七一五（正徳五）年一一月近松により戯曲化されると、大坂の竹本座で上演され、一七一七（享保二）年まで一七か月に及ぶ大興行ロング・ランとなった。このような作品が書かれ、これを評価する町民が多数いたことを我々は知っておくべきだろう。

時代は下り、二〇〇一年に日中国交正常化三〇周年を記念する日中協力による映画「英雄・鄭成功傳」が製作され、〇二年に日本、中国、台湾や東南アジアで上映され好評を博した。中国ペースでの鄭成功理解にとどまらせず、近松の視点も掘り下げて研究したという。鄭成功には香港の人気スター趙文卓、母田川マツには島田陽子が扮している。兵二万五千、軍艦三〇〇隻の水軍を率いての台湾奪還のシーンには中国人民解放軍三部隊と福建省の全面協力により、実戦さながらの撮影が行われたという。

ところで、この映画に対して中国共産党は台湾解放をメイン・ストーリーとし、国民党は中国の英雄鄭成功と国共内戦に敗れ台湾に渡った国民党を重ね合わせ、台湾独立派は台湾が鄭成功と同じく自らの道を歩むことが重要といずれも我田引水の対応だった。台湾がポルトガルに発見された一六世紀から五世紀経った二一世紀をどう歩んでいくか、注目されると考えるのは私だけにとどまらないだろう。

東アジアに大航海時代、ポルトガル、スペイン、オランダが進出すると、日本や日本の南側に位置する琉球（沖縄）、中国南部、フィリピン、台湾は激動の時代に突入した。これまでの四章に見たように琉球王国は中世、近世初めの役割を終えた。マカオとマニラにはポルトガルとスペインの拠点ができグローバルな貿易を担い、カトリックの拠点ともなった。台湾は明清交代期でオランダ、スペイン、鄭氏政権が争うところとなった。東アジアの人々はこれまで経験していなかった戦争と貿易で、ヨーロッパ、アメリカ大陸と結びついたのだった。そしてスペインと戦うオランダ独立戦争、オランダ・ポルトガル戦争がアジアの地と海で戦われたことを正しく理解しておく必要がある。マカオ、フィリピンは植民地化され、バタヴィア（ジャカルタ）も貿易の拠点としていたオランダはインドネシア全体を植民地化した。この態勢は基本的には二〇世紀まで続くことになった。一方で日本は確かに種子島に鉄砲が伝わり、戦国時代が急展開したが、一七世紀中ごろまでに鎖国が完成し、外からの影響が遮断される時代が続くことになった。

第五章　幕末の条約取結（ポルトガル、プロシア、スイス）

ポルトガルとの幕末の条約は、一八六〇（万延元）年に結ばれた。これは一八五八（安政五）年に結ばれたアメリカ、オランダ、イギリス、ロシア、フランスとの間の修好通商条約についで六番目に結ばれたものである。幕末の条約から一五〇周年になる二〇一〇年には日本でもポルトガルでも記念の諸行事が行われた。これに続き、ポルトガルより後に日本と条約を締結した各国との一五〇周年記念事が行われる。この機会に、日本とこれらの国々との条約を振り返ってみよう。まずはポルトガル、プロシア、スイスを見てみよう。

1

意外と思われるかもしれないが、ポルトガルとの友好通商条約は日本側から持ち出したものでも、ポルトガル側から持ち出したものでもなかった。長崎に駐在していたオランダ全権ドンケル・クルチウスから、日本が諸外国との外交を開くに際し、ポルトガルとも通交を回復してほしいとの要請がなされ、日本側は差し支えないと伝えていたことから始まった。これは一八五七年一〇月一六日

（安政四年八月一九日）長崎で日蘭追加条約が調印された前後のことであった。

ここにいたるまでを辿ってみよう。ドンケル・クルチウスは一八五二年七月（嘉永五年六月）長崎の出島に最後のオランダ商館長として赴任してきた。彼はアメリカ艦隊の日本遠征の予告と日本へのオランダの助言などを記したウィレム三世国王の信書を携えてきた。しかし、何の沙汰もないうちに幕府はアメリカ、イギリス、ロシアとの和親条約を一八五四（安政元）年に結んだので、クルチウスはオランダが過去二五〇年間にわたって享受してきた地位を開国後も保つためには、オランダに対する日本の信頼を確保することが必要と考えた。そして本国に進言し、日本の望む海軍伝習のためにオランダ艦隊を長崎に呼び、五四年には二カ月余、五五年にはウィレム三世から一三代将軍家定への観光丸の贈呈とともに七カ月もの研修を行ったので、日本側はこれを高く評価していた。

また外交面では五五年夏以降クルチウスは駐日特命全権領事官（コミッサール）の資格で活躍を始め、日蘭和親仮条約（一八五五年）、日蘭和親条約（一八五六年）、日蘭追加条約（一八五七年）、日蘭通商条約（一八五八年）などを調印する。一八五六年八月（安政三年七月）にはクルチウスから長崎奉行へ、①唐国香港の英国奉行ホウリングは日本渡航を考えており、同氏よりシャム英国通商条約を日本側が参考にするよう渡してくれと頼まれたこと、②日本側註文の蒸気船を造船しており、ヤッパン号はしばらく先に引渡せること、③クリミア戦争の終結により欧州に平和が戻り、いよいよ貿易が盛んになるだろう、④しかしオランダ（と清国）が対日貿易を独占し、欧米諸国と日本の貿易を妨げていると猜疑を受けている、オランダ政府の推挙する諸外国と貿易してくれるとオランダの面目が立つ、などと話している。

翌五七年二月（安政四年二月）になってクルチウスはイギリスの引き起こした前年のアロー号事件（広東焼払事件）を報告すると、幕府は関心を持ち、何回も報告をさせている。オランダはオランダ以外の国々との交渉には注意をするよう警告もした。そしてこのころから幕府は「広東の覆轍」をスローガンに外国との紛争を極端に避けるようになった。（幕府のこのような方針を吉田松陰は鋭く批判していた。）この時期にはアメリカ総領事タウンゼント・ハリスは、下田奉行と修好通商条約を結ぶ努力をはじめた。そこでクルチウスは日蘭追加条約へ向かって折衝をはじめ、五七年一〇月（安政四年八月）調印にこぎつけた。この追加条約は出島での制限された貿易から自由貿易に移行することを前提として、貿易制限を緩めることや密貿易やアヘン貿易の禁止などが決められ、今日では意義の高いものと評価されている。

さて、交渉の過程でポルトガルとの条約取結の条文を追加条約に入れるとのオランダ提案を日本が断ったので、書簡の往復（今様にいえばメモランダムの交換）になった。つまり五七年一〇月一五日（安政四年八月一八日）にはクルチウスから長崎奉行へポルトガルとの条約は「日本において異議が無之様願う」との書簡が発出され、同月二九日には長崎奉行からポルトガルが「条約取結之儀申立るとも」「當方差支無之事」との返事をもらっている。長崎奉行が単独でできることではなく、これが当時の幕府の方針だった。

このような実績をあげたうえで、五八年に入ると長崎駐在のクルチウスは四月から七月（安政五年二月から六月）まで江戸に参府し、一三代将軍家定に謁見している。同年八月（安政五年七月）

日蘭通商条約を日米通商条約に遅れること一九日で調印することができた。

さらにその二年後、六〇年七月九日（万延元年五月二一日）クルチウスは安藤対馬守信正に江戸・西丸下の老中役宅で会い、足掛け八年の勤務を終え、近々日本を離れる旨挨拶する一方で、安藤から「ホルトカルとの条約取結候儀は相違無之候へ共」、「ベルギー等之諸国當分相断候」との言質を得ることに成功した。翌日にはその旨書面でほしいと要望し、ポルトガル使節団の日本到着の翌日の七月一三日に「兼て其許の申立に任セ約束おきしところなれハ、使節江談判之上、取結可申」との返書をもらっている。このようにくどいような遣り取りは、オランダのイニシアチブでポルトガル使節団が日本に到着する手筈を整えたので、失敗の許されないことからだったとともに、尊王攘夷運動の高まりもあって、ポルトガル以外の国々には条約を断る幕府の意向が明らかとなってきていたからであった。この点は後に述べるプロシア、スイス、ベルギーとの交渉経緯と比べ、オランダ、ポルトガルへの厚遇ぶりがわかる。

一八六〇年七月一二日（万延元年五月二四日）イシドーロ・フランシスコ・ギマランエス（マカオ総督）を団長とするポルトガル使節団が来日し、条約締結を申し入れた。これをうけ、ギマランエスと日本側全権溝口讃岐守直清、酒井隠岐守忠行、松平若狭守清秀が折衝を始め、約一カ月の交渉を経て同年八月三日（万延元年六月一七日）外交機関の設置、長崎、函館、新潟の開港地の指定、遊歩規程（外国人が自由に移動できる範囲の取り決め）など、全二四条からなる日本とポルトガルとの条約（正式名称は「日本国葡萄呀国修好通商条約」）が調印された。条約は日本語、ポルトガル語と共通語としてのオランダ語の三言語で書かれていた。もっとも朝廷の勅許をうることが必要だったので、実際の条約は仮条約とされていた。

当時のポルトガルはどんな状況だったのだろうか。一九世紀前半はナポレオン戦争の影響でポルトガル王家のブラジルへの脱出と帰国、その後の絶対王政派と急進派の対立、内乱などから不安定な状況を続けていた。一八五一年にサルダーニャ侯爵が政権につき、五二年には直接選挙法を成立させ、刷新党と歴史党（のちの進歩党）の二大政党が交互に政治を行うようになり、政治が安定し、経済も公共事業を進め、徐々に近代化していった。もっともブラジルを一八二二年に独立させ、ポルトガル国内は内戦の混乱にあったので、一九世紀後半にイギリスを軸に自由貿易体制が進んでいくと、ポルトガルは農産物を輸出し、工業製品はイギリスから買うという役割に甘んじることとなっていった。一方イギリスがアヘン戦争後、香港島の割譲を受け、植民地にしたことから、ポルトガルも一八四五年にマカオの自由港宣言をして、マカオを植民地化したところだった。またタイ（当時はシャム）との通商航海条約は前年の一八五九年に取り結んだところだった。こんな時に日本と条約を結び、日本との貿易を再開できる機会が訪れたのであった。

『ポルトガル逍遙』（二一〇頁）で述べたように、慶長年間にオランダは国王信書によりポルトガルに日本征服の考えがあるとして、ポルトガルを日本貿易から締め出した経緯があったため、日本の開国の後も依然オランダがポルトガルと日本の交流を妨げていると思われたくないので、是非ポルトガルと条約を結んでほしいとオランダ側が日本側に頼んだということが田辺太一の『幕末外交談』に載っている。万延元年九月二九日（一八六〇年一一月一一日）付けの老中書簡（プロシア使節オイレンベルク宛て）を見ると、「ホルトカルの儀、往古ハ我国へ通商候処、和蘭人忠告之趣ニ付寄謝絶いたしたれハ、以来通商之儀和蘭にて取扱不申候には難成との旨領事官申立るに付」右に述べたメモランダムの交換となり、ポルトガルとの条約を結ぶにいたったという事情をプロシア側に説明している。

田辺太一は昌平坂学問所に学び、長崎海軍伝習所（三期生）に学び、文久三年の遣仏使節団や慶応三年のパリ万博の使節団にも加わったが、幕府崩壊後いったん無役に退いた。明治維新後の出仕要請を受け明治政府に入り、外務小丞につき、米欧回覧の大久保使節団にも加わり、清国公使勤務の後、元老院議官を勤めた者である。田辺の述べるオランダ側の鎖国の頃の経緯から説き起こすやり取りはいかにも日本人に受け入れられやすい話であるが、日本側の事情をよく承知したクルチウスが実際に述べた言葉だっただろう。

2

プロシアやスイスはポルトガルより先に日本との修好通商への動きを示していた。一八五五年九月（安政二年八月）に下田に来航したアメリカに傭船されたプロシア船グレタ号に乗っていた艦長のF・A・リュドルフはプロシア人で、プロシアが日本との修好を望んでいると下田奉行に申し出ようとしたことがあった。しかし幕府はアメリカ人なら和親条約を結んだので、日本側と接触できるが、何ら関係のないプロシア人が日本側と話し合うことはないとして、追い返していた。

リュドルフの来航から五年後、日本とポルトガルとの条約調印の翌月の一八六〇年九月（万延元年七月）にプロシア使節フリードリッヒ・アルブレヒト・ツー・オイレンベルク伯爵が江戸に至り、条約締結を申し入れたが、幕府は井伊直弼大老が暗殺された桜田門外の変の直後であり、すでに結んだ条約は朝廷に勅許を願い出るとして、他の国々との条約は断る方針だった。また内政的には皇女和宮が一四代将軍徳川家茂に降嫁できるか、幕府としては必死の時期だった。

一方、条約に反対する運動が激しくなってきたため、幕府は条約既締結国に対し開港開市の延期を申し出たところ、アメリカ弁理公使のハリスからプロシアには神奈川（横浜）、長崎、函館のみの開港とする条約とし、他の国々は断わってはどうかとの提案がなされた。ハリスは幕府に恩を貸すかたちで、日本はこれ以上諸外国と条約を結ぶ気はない、との情報を各国に伝えていた。

とにかくオイレンベルクとの交渉が始まったものの、幕府はのちに詳しく述べるスイス、ベルギーを断っているのでプロシアも断るとのトーンだったが、ハリスの勧めもあり、妥協をせざるを得ないと考えていたと思われる。ところが、プロシアとの交渉が進むうちに、交渉相手はプロシア一国ではなく、プロシアを盟主とする多数の国々からなる北ドイツ連邦であることが分かり、また交渉役の堀織部正の自殺（一八六〇年一二月、万延元年一一月）、ハリス公使の通訳で日本プロシア間の交渉に尽力したオランダ生まれのヘンリー（ヘンリック）・ヒュースケンの暗殺（一八六一年一月一五日、万延元年一二月五日）などもあって、遅々として進まず、結局、プロシアとの条約は一八六一年一月二四日（万延元年一二月一四日）にオイレンベルクと村垣淡路守範正との間で結ばれたのだった。だからポルトガルは六番目の条約国となり、約半年後にプロシアが七番目の条約国となった。

プロシアはイギリス、フランスに後れ、当時統一国家への道をひた走っていた。プロシアとしてはハプスブルグ家オーストリアではなくプロシアが「ドイツ代表」として、つまりプロシア王国がオーストリア帝国に先駆けて、開国間もない日本と国交を結ぶことが重要であった。一八五九年にはウィルヘルムが摂政となり、兄王の死後の六一年プロシア国王となり、翌六二年にオットー・フォン・ビスマルクを首相に任命し、強力な国家へ成長していくのである。オイレンベルクはプロシアの東アジア遠征隊の全権大使として、日本、清国、タイ（シャム）に派遣され、日本の後清国とは一八六一年九月に、タイでは六二年二月に条約を結ぶことができた。オイレンベルクはこのような功績により、一八六二年一二月から一八七三年一一月までビスマルク内閣の内務大臣を一二年間務めたという。

3

スイスもポルトガルより早く行動を開始していた。一八五三年七月マシュー・ペリーが浦賀沖に現れ、八月にはロシアのプチャーチンも長崎に来航したとのニュースは早くも同年一〇月にはスイスで新聞報道された。当時スイス産業の担い手であった時計業界は日本と貿易を始めようと準備にかかり、これに繊維業界も加わり、スイス政府に支援を要請すると、政府は時計業界の代表であるルドルフ・リンダウをスイス国使節とし、貿易の可能性を調査するよう依頼した。

この時期はスイスが近代国家に進みつつあった重要な時期であった。一八一五年のウィーン会議で「永世中立国」として認められ、四八年には連邦国家とする憲法が制定された。当時は各カントン（州・準州）ごとにばらばらな通貨が発行され、民間銀行券も出回っていたが、五〇年には統一され、フランスフランと同価値のスイスフランが誕生したのである。なお、六五年にはフランスの主宰するラテン通貨同盟にベルギー、イタリアなどとともに加わっている。そのような状況で統一スイスの目が外に向くのも当然だろう。

さて、一八五九（安政六）年九月、長崎に上陸したリンダウは、再来日していたシーボルトなどと交流を深めた後、江戸まで上った。幕府は尊王攘夷運動の高まりをうけ、スイスと条約を結ばないことを決め、同年一一月にはアメリカ弁理公使ハリス、イギリス総領事ラザフォード・オールコック、フランス総領事ギュスターヴ・ド・ベルクールに断る旨通告し、なお食い下がるド・ベルクールに再度断りの老中書簡を出し、同月末オランダ副領事ディルク・ファン・ポルスブルックに立ち会わせ、リンダウに断りを入れた。諸外国と和親の気持ちはあるが、開港後、物資が不足し、物価が騰貴し、どこの国であれ、今は新たに条約を結ぶことはないとの理由も知らせた。

翌一八六〇年八月（万延元年九月）にはポルトガルと条約を結び、九月以降はプロシアと交渉をしていたが、プロシアと条約を結ぶ直前の同年一一月、幕府はオランダ公使を通じてプロシア並みでよければとスイスに連絡したところ、一年半後の一八六二年五月、スイス時計業組合長エメエ・アンベールが全権大使として日本に向かうことになった。スイス政府は、一〇万フランの予算を充て、再び準備にあたった。当時のスイスの政府予算額は一七四六万フランで、日本との交渉のための予算は軍事費を削減して捻出されたという。四万フランが日本への贈り物として地方の特産品などの買い付けに使われた。買い集めに時間がかかり、予定より遅れて使節は日本へ向けて出発した。

アンベールは一八六三年四月（文久三年三月）横浜に到着したが、尊王攘夷運動が最高潮にあり、生麦事件の処理に大わらわ、さらに夏には薩英戦争もはじまり、幕府からの横浜鎖港要請も加わり、一〇か月もの長きにわたり待たされたうえで、ポルスブルックの談判もあずかって、竹本甲斐守正明と交渉を進め、ようやく一八六四年二月六日（文久三年一二月二九日）日瑞修好通商条約調印にこぎつけ、八番目の条約国となった。

日瑞交流に詳しい中井晶夫氏によると、長崎から神奈川（横浜）、さらに江戸までオランダが艦船を用意し、神奈川、江戸の宿泊にはオランダの施設を提供した。また条約を承認したスイス議会はオランダへの謝意の決議を行ったという。初代の駐日スイス総領事にはポルスブルック・オランダ総領事が就いた。その後リンダウや次に述べるブレンワルドが駐日スイス領事を勤めている。

スイスの場合、興味深いのは随員たちの中に日本に留まり、商売を始めた者がいたということだ。たとえば横浜市の開港にまつわる説明には、カスパー・ブレンワルド、エドゥアール・バヴィエルとジェームズ・ファヴルブラントはそれぞれ商社を設立し、時計、生糸などの商売を始め、イワン・カイザーは設計事務所を開いたという。

余談になるが、スイスの観光案内によると、今日でもシュヴィーツ地方の春を告げるカーニバルでは、五年おきにヤパネーゼン・シュピールという「日本劇」が上演される。地元のスイス人の名士による劇である。「日本劇」はスイスが江戸幕府との交渉に難航していた一八六三年に初上演されたという。シナリオは毎回書き直されるが、大筋は同じで、通商を迫る使節は貿易で得られるであろう利益に目がくらみ、お土産をたくさん贈る。一方、「テンノウ」はすべてをお見通しと明かされ、スイス人をたしなめ、正直で誠実であることの大切さを諭すという劇だそうだ。実に開国、条約の意味がわかるというものだが、スイスの山奥でこのような劇が演じられ続けてきたとは思いもよらなかったのは、私だけではあるまい。

ポルトガルに次ぎ、プロシア、スイスが条約締結国となった。アメリカ、イギリス、ロシア、フランスなどの武力を示しつつ開国を迫ったことに比べ、平和的なアプローチだった。ポルトガルはオランダが全面的にバックアップし、御膳立てまでしてもらったが、プロシア、スイス（そして次に述べるベルギー）は日本開国の知らせとともに行動を開始し、日本に乗り込んだものの、交渉に難渋した国々であった。またこのような交渉から、当時のヨーロッパの政治状況が如実に見えてくるし、オランダ総領事クルチウスも強硬なポルスブルックもオランダの日本における外交に懸命の努力をしていたことがわかる。

（本章および次章の引用で、記載のないものは『大日本古文書　幕末外国関係文書』から）

第六章　幕末の条約取結（ベルギー、イタリア、デンマーク）

ポルトガル、プロシア、スイスの後も幕末までにベルギー、イタリア、デンマークという国々が続き、結局全一一カ国と条約を結んだ。国内では安政の五条約以降尊王攘夷運動が盛んとなり、貿易が始まると国内に出回る物資が欠乏し、物価が高騰し、政治社会情勢は混乱を極め、幕府の力が弱まってきたということもあった。したがって、さらに条約国を増やす交渉は極めて難しいものとなった。

1

ベルギーとの条約はどう進んだのだろうか。ベルギーは一八三〇年に至りオランダから独立を果たした国であり、徐々に国力が増すと、五大国に続きアジア、アフリカに進出し、遠隔地貿易をする必要があるとの世論が起こりつつあった。

ベルギーもスイスと同様早くから行動を開始した国であった。ベルギーはイギリスに仲介を頼んだ。英国総領事オールコックは一八五九年一一月一九日（安政六年一〇月二五日）外国奉行との対話の際ベルギーが通商を求める模様との情報を与え、同年一二月七日（安政六年一一月一四日）には使節を送ってくると伝えるとともに、イギリスがかかわるのは、ベルギーの国王が「自国女王の伯父にあたる」からであると説明をしている。当時のベルギー国王はレオポルド一世で、初代国王であった。そのレオポルド一世は兄のエルンスト一世の次男アルバートとイギリスに嫁いだ姉マリア・ルイーズの娘アレクサンドリナ・ヴィクトリアとの同年齢のいとこ同士の結婚を仲介し、ヴィクトリアからたいへん感謝されたという。ヴィクトリアは伯父のイギリス国王ウィリアム四世の死亡に伴い、すでに一八三七年イギリス女王となっていた。一九世紀ごろの外交が国王、女王などの姻戚関係に色濃く影響を受けていたことがよくわかる。

幕府は一八五九年一二月（安政六年一一月）スイスと同時にベルギーも断る旨ベルギー政府に伝えてほしいとオールコックに返答している。一方、オランダのクルチウスはイギリスとはやや違ったラインで考えており、一八六〇年七月（万延元年五月）老中安藤対馬守信正との対話の際ポルトガルとの条約取結を確認し、プロシア使節がもうじき来日すると連絡し、ベルギーそのほかを断りたいなら幕府の方針を書面でもらえば各国に伝達する旨申し入れている。

そして、プロシアとの交渉が大詰めを迎えつつあった一八六〇年一二月（万延元年一〇月）には老中安藤と公使に昇格したオールコックの交渉があり、プロシアと結ぶとベルギーに対し信義を失うと言う安藤に対しオールコックはベルギーが使節を派遣してきたらプロシアと同様に条約を結ぶ方がいいと述べている。

一方、プロシアとの条約取結の後新たに条約を結ばないとの日本の方針を各国に伝えることをアメリカ公使が約束したので、そのようにしてほしいとアメリカには頼んでいたものの、老中安藤は一八六〇年一二月（万延元年一一月）にはオールコックにベルギーと条約を結ぶ（同じ日にオランダにはスイスと条約を結ぶ）用意があり、すでになんら不都合はないと聞いたが、確認したいとの書簡を発している。オールコックは一八六一年一月（万延元年一二月）にはベルギー等との条約の内容はプロシアと同様にさせ、それ以上の要求はさせないことを約束するとの返書を出している。

これらのやり取りの後、ベルギーは使節を送るはずだった。すでにみたように、スイスは予算確保など手間取ったものの日本に使節を送った。しかし、ベルギーはプロシアとの条約取結から三年も経ち、スイスとの条約取結直前の一八六三年一二月（元治元年一一月）になって、オーギュスト・トキント・ド・ローデンベークを全権公使兼総領事に任命した。トキントはようやく翌六四年一二月（慶応元年一一月）に横浜に到着した。そしていよいよ交渉に臨むこととなったが、緊急の用務が山積している、将軍が大坂にいる（将軍家茂は同年一二月京都に向かうため海路品川を出発）ため、幕府はなかなか条約交渉に進みえなかった。

当時の事情を少したどってみると、六四年は四国艦隊の下関砲撃、第一次長州征伐、六五年に四国艦隊の兵庫沖派遣、孝明天皇の条約勅許、六六年には第二次長州征伐など激動の幕末の中でも大激動の時期であった。

そこでベルギー使節はオランダの力を借りようと考えたのであろう、江戸のオランダ公使館に入り、交渉を要求し（六六年六月、慶応二年五月）、またオランダのポルスブロック総領事がベルギーとの条約取結を強く進言したところから、話し合いが進みだした。そこへイギリス公使のハリー・

パークス（前年の一八六五年、慶応元年三月着任）も後押しして、ようやく六六年八月一日（慶応二年六月二一日）にトキントと外国奉行菊池伊予守隆吉、星野備中守千之、目付大久保筑後守（忠常と思われる）の間で「日本国白耳義国修好通商及航海条約」が結ばれた。老中安藤の確認の書簡から五年八カ月後であった。実にトキントが日本に着いてから一年一〇カ月たっていた。したがって条約取結の用意ありとの連絡を同時にもらったスイスには二年半遅れた。

なおベルギーはトキントが日本に滞在している間の一八六五年一一月清国と条約を結んだ。これはアロー戦争終結のため結ばれた北京条約のあと清国が数カ国と結んだ条約のうちのひとつであった。またベルギーはその後、一八八四～五年のベルリン会議の結果、欧米列強からコンゴ自由国をベルギー領として認められるなど、植民地を保有する国家へと進んでいったことを付言しておこう。

2

イタリアが日本との交渉を求めてきたのは蚕の通商のためだった。一八五〇年代終わりから六〇年代初頭にかけてヨーロッパでは連年蚕卵に悪疫が発生し、イタリアやフランスの養蚕業は危機的状況になり、北イタリアの絹産業は壊滅的打撃を蒙っていた。イギリスやフランスは日本や中国から蚕卵紙を輸入してイタリアに売って儲けていたので、イタリアでは直接日本と通商すべきであるとの声が上がったのであった。また既にスエズ運河の建設が始まり、イタリアの海運業は発展しているので、イタリアの工業製品を東アジアに販売したいとの考えもあった。

当時のイタリアはサルディニア王国を中心とする統一イタリアがようやく成立するところだった。エマニュエル二世から首相に任命されたカミッロ・カヴールはプロンビエールの密約によって、フランス皇帝ナポレオン三世の支援を受け、統一戦争最大の難問だったオーストリア帝国をイタリアから追い出すこととした。一八六一年に建国されたイタリア王国は首都をフィレンツェに置き、残すはヴェネチアと法王領のあるローマを目指すことだったが、これには力を貸してくれたフランスの反対もあり、難しい外交が必要だった。

カヴールを支えたコスタンチノ・ニグラは、イタリア統一にとって一番重要なフランスとの連携に注力し、イタリア統一後にはフランス駐在公使として活躍していた。ニグラ公使は横浜鎖港交渉とフランス士官殺傷事件の謝罪のためフランスを訪れた池田筑後守長発《ながおき》にパリで連絡をとり、通商条約取結のため日本に使節を派遣したいと申し出た。（池田筑後守一行のパリ滞在は一八六四年四月から六月〈元治元年三月から五月〉であった。）

日本の国内情勢からして交渉の進展は期待できなかったものの、イタリアはヴィットリオ・アルミニョンをイタリア全権として日本に向かわせた。まずアルミニョンは、製鉄所建設及び軍制調査の正使としてフランス・イギリスに派遣された柴田日向守剛中《たけなか》のフランス滞在中（慶応元年七月から一一月、一八六五年九月から一二月）に、イタリアより出向いて会った。そして、自分は（全権であることを伏せ）イタリア軍艦の艦長で、条約取結のための任務を帯びた人物を乗せ日本に向かう、イタリアの生糸産業は崩壊寸前であり日本の援助を必要としている、日本の美術品を見てその見事さに感嘆しているなどと述べたという。（なお、当時のヨーロッパにあった日本美術品は日蘭貿易等で運ばれた陶器、漆器、置物、浮世絵などがあるほか、一八六二年の第二回ロンドン万博でオールコック収集の日本美術品が展示され、のちにジャポニズムが起こった。）

対する柴田日向守は日本の蚕卵は大量には産しない、攘夷派の大名を討つため軍隊を出動させた（長州征伐）ので、日本訪問は少し先のほうがよいと述べるなど、両者の会談はそれなりにうまく進んだようである。これは柴田日向守は文久二年の竹内下野守保徳を正使とする文久遣欧使節団に加わっていたので、ヨーロッパ情勢を心得ていたことやアルミニョンも用意周到で相手の立場のわかる優秀な者であったからと考えられる。両者とも武人ながら、外交関係者がよく使う言葉で言うと、「ケミストリーが合った」のであろう。

イタリア使節は一八六六年七月四日（慶応二年五月二二日）日本に到着し、すぐにフランスのレオン・ロッシュ公使を訪ねる。アルミニョンはロッシュに支援を頼み、ロッシュは条約取結は時宜に適っていないと言いつつも、公使の通訳メルメ・カションを用いるように言う。カションはイタリア使節が日本に到着したことを伝え、イタリアが条約取結を希望していること、フランスがイタリアをサポートすることを老中に伝えた。イタリア、フランスの結び付きの強さがここでもうかがわれる。七月二五日、菊池伊予守隆吉はアルミニョンをその艦に訪ね、条約を取り結びたいとの趣はわかったが、軍旅に出ているので待っていてほしいとの将軍の考えを三老中発出の書状にして手渡している。

そこでアルミニョンは日本国内の情勢を探り、長州藩の戦意が高いため、将軍家茂は諸大名を召集して再度征伐を決しなければならなくなり、条約交渉はだいぶ先となったことを知る。一方、七月三一日に届けられたイギリス郵便船の情報により、アルミニョンはプロシア、オーストリア間の戦争が間近となり、横浜等日本周辺でもヨーロッパ諸国間の戦争が始まりかねず、江戸湾に配備しているイギリス、フランス、オランダ艦と自分の乗船するマジェンタ号を砲弾の届かない程度の距離にどう保つべきか迷う。もちろんすでに述べたようにオーストリアはヴェネチアを領有しており、イタリアはプロシア側につき、オーストリアに宣戦布告することとなるが、このころ戦況の情報は月一回のイギリス、フランスの郵便船の情報に頼らざるを得なかったのだった。

ところが、急転直下一週間後の八月六日（慶応二年六月二五日）になり、日本側全権が決まったとの老中書状が届き、交渉が進められることになった。八月一日にはベルギーとの条約が俄かに結ばれたことも分かった。さらに幕府より何日を交渉日にするかと問われたが、アルミニョンは日を少し先に指定し、その間にフランス郵便船のもたらす最新情報で、プロシアが有利に戦いを進めていることを確認してから、正式の交渉に入った。アルミニョンが冷静で、目的合理的に行動していたことが分かる。

アルミニョンは八月一〇日全権である柴田日向守にフランス以来の再会の握手を交わしたうえで、交渉を始めた。他国との条約文を参考にしたので、数日のうちに容易に双方が合意することになった。日伊条約は六六年八月二五日（慶応二年七月一六日）に調印され、アルミニョンは翌日には老中の接見も済まし、九月一日には江戸を離れ、次の交渉地北京に向かった。

イタリアはプロシア以後の五カ国の中で一番交渉期間が短く、トラブルの少なかった国となった。ベルギーには二五日遅れただけであった。これは幕府の頼るフランスが推していたことが効果的だったようだ。イギリスのオールコックや後任のパークスに対抗して、フランスの公使ロッシュは精力的に行動し、一八六五（慶応元）年一月には幕府から横須賀製鉄所建設を発注されるなど、幕府と非常に緊密な関係を構築していた。そのフランスがイタリアをヨーロッパでは統一戦争で後押しし、対日本では両国の繊維業の必要とする蚕の縁もあって強力にサポートした。さらにイタリアはついていたともいえる。日伊条約調印の四日後、将軍家茂は大坂城で死去しているからだ。

3

最後、一一番目の条約締結国、デンマークとはどんな交渉となったのだろうか。日本開国に乗り遅れるなと商業関係者がデンマーク政府を突き上げたが、外交折衝はオランダに依頼することになった。一八六一年三月オランダ総領事のヤン・カレル・デ・ウィット（クルチウスの後任者）はデンマークの全権交渉者に任命され、長崎奉行を通じて幕府にデンマークとの通商条約締結のため、江戸に赴き、交渉しようと試みたが、幕府からけんもほろろに断られてしまう。デンマークは清国との間では六三年に条約を結んでいた。アロー戦争直後の天津条約の後、清国は数カ国と新たに条約を結んだが、デンマークはそのうちの一国であった。

当時デンマークは優秀な商船隊を育成しており、東アジア貿易への期待が高まり、またプロシア、スイス同様、「アヘン貿易に興味を示さない国」デンマークは日本と条約を結ぶ可能性があると考えていたようだ。一方で一八六四年にはシュレスヴィヒ・ホルシュタイン戦争がデンマークの敗北に終わったので、この敗北を打ち消し、国としての纏まりを保ち、再び国際社会に復帰するため、日本との通商関係を成立させ、国際舞台での成功を勝ち取りたかったという事情もあった。

幕府がフランスの仲介でイタリアと通商条約を締結する交渉を開始するという情報が届き、デンマークは再びオランダに仲介を依頼をした。オランダ総領事ポルスブルック（デ・ウィットの後任）は一八六五年六月デンマークがいつまでも通商関係を結べないのは許容できないと幕府に脅しをかけた。前回はオランダだけがその交渉の仲介をしていたが、デンマークが勢威を失い、プロシアの勢力が増した状況に、均衡外交を標榜するイギリスがプロシアとフランスの勢力伸張を嫌って、オランダと共にデンマークの側面支援に当たることになった。六六年二月、英国公使パークスはイギリスが公式にデンマークを助力するとの書簡を幕府に送った。翌三月時点では老中水野和泉守忠清と松平周防守康直は、将軍が長州征伐で不在であり、デンマークとの条約は先延ばししたいとの態度をとっていた。

そうこうしているうちに六六年八月一日、ベルギーと修好通商条約が締結され、八月二五日イタリアとの通商条約が締結された。次はデンマークの番ということになるが、八月二九日一四代将軍徳川家茂は急死する。一〇月四日には江連加賀守尭則はポルスブルックと会談し、江連はその席上、新将軍は一橋慶喜となることを報告し、条約交渉は喪中につき遅延すると伝えたが、ポルスブルックは直ちに反論し、イギリスもこれに同調したので、やっと一〇月二九日に条約を締結する用意があるとの老中書簡が送付された。

ところが、その後五〇日経過しても何の音沙汰もなかったことから、ポルスブルックが催促したところ、慶喜が将軍に就いた一二月五日より後の一二月二一日にいたり全権交渉者に外国奉行柴田日向守剛中、栗本安芸守鯤《こん》、目付大久保帯刀の三名が指名され（通訳は福地源一郎）、一二月三〇日やっと条約の検討に入ることになった。条約自体はベルギー、イタリアと締結したものをもとに作成し、一八六七年一月一二日（慶応二年一〇月）漸く通商条約が調印された。デンマークにとっては、最初オランダに交渉を依頼してから六年かかっての条約だった。日本にとっては幕末に結んだ一一番目の条約だった。その一年後の慶応三年一〇月徳川慶喜は大政奉還した。

4

それでは一五、一六世紀に世界を二分した、もう一方のスペイン帝国はどうだったのだろう。アメリカから各国政府に伝達された今後の条約締結拒絶の通告に対し、スペインからハリス公使を経由して返書が来た。それはスペインの女王陛下の命によるエス・ガルデオン・コルラルス外相からのもので、日本は外国人に対し人心穏やかでなく、残念ながら条約を結ぶことができないと知らせてくれた、外国人と交わり、貿易をすることは万民を富有させる確実な方策である、スペインの領有するフィリピン諸島は日本とは隣国で、産物も多い、スペインは外交使節を送るところだったが、送らないことにした、新たに他の国と条約を結ぶ時はスペインの求めに応じて結ぶことを日本は拒まないであろうと信じる、といった内容だった。幕末までにスペインと条約を結ぶことはなかった。日本ポルトガル条約に遅れること八年余、明治維新直後の一八六八年一一月一二日（明治元年九月二八日）、日本側全権東久世通禧外国官副知事、寺島宗則外国官判事、井関盛艮外国官判事とガルシア・デ・ケヴェード在清国及安南国特命全権公使が「大日本国西班牙国条約」を調印した。幕末、明治の時点でもポルトガルとスペインの差が明らかになった。

プロシアに先を越されたオーストリアについても触れておこう。プロシア・オーストリア戦争敗退後に成立したオーストリア・ハンガリー二重帝国は明治に入ってからアントン・ペッツ男爵を日本に送り、外務卿澤宣嘉との間に一八六九年一〇月一八日（明治二年九月一四日）に条約は締結された。イギリス公使パークスの仲介があったという。日本オーストラリア修好通商航海条約は日本プロシア修好通商航海条約に遅れること八年余だった。

5

これまで見てきたように、尊王攘夷の状況での条約取結はたいへんな難儀で、ポルトガルは全く例外的だったことを我々は記憶にとどめておくべきだろう。またポルトガル以下六カ国の交渉には、オランダ、イギリス、フランスが入れ替わり、立ち替わり登場し、まさに長崎で江戸で、また幕府が使節団を派遣した国の首都で、国際政治、外交が繰り広げられたのだった。その中ではオランダが海軍伝習、ヤッパン号の調達を実現させ、日本との仲介者になろうと必死の努力をし、アヘン戦争、アロー戦争を経たイギリスは圧倒的強さを持って立ちまわった、つまり、パックス・ブリタニカの時代だった。ナポレオン三世のもとのフランスは幕府を応援し、製鉄所に次ぎ、幕府、薩摩、肥前を一八六七年のパリ万国博覧会に参加させ、イタリアの代弁者となった。南北戦争のアメリカはこの時期になるとやや後景にあり、対馬に居座ろうとし失敗したロシアも登場できなかった。

またポルトガルと条約を結んだ一八六〇年からの七年間の期間は、ベルギーの独立後の躍進、イタリア統一戦争、プロシア・オーストリア戦争、シュレウッヒ・ホルスタイン戦争などの一九世紀ヨーロッパの戦争やフランス、イタリアの養蚕業の壊滅的事情などの時期でもあった。またスエズ運河が建設される時期でもあった。

幕府はよく世界情勢をにらみつつ、多大な努力をしてきたと言ってよいだろう。『通信全覧』や『幕末外国関係文書』は幕府の役人たちが毛筆で克明に交渉を記録したもので、今回これらを読んでみることになったが、実によく調べ、記録しており、頭の下がる思いである。もちろん日本側の事情もかなり正直に説明し、武士に二言はないとしての交渉であったことがわかった。

これらの経験が明治以降の外交につながっていくことになる。幕末の先人たちの対応に学ぶべきことは多い。

第七章　後六カ国情報の発信

安政の五カ国との条約締結は日本を開国に結び付けた画期的なものであり、条約を結んだ五カ国事情についてはそれなりに当時の日本人に広まっていったと思われる。一方、これまでの前二章に述べたように、尊王攘夷運動が高まるなか、幕府はその後も条約を結び続け、幕末までに結局合計一一カ国と条約を結んだ。これら後六カ国事情については、前五カ国と比べればあまり広まらなかった。ここでは当時の国際情勢や条約取結国について福沢諭吉が是非知っておくべきと著した『条約十一国記』に沿って、後六カ国をみることにしよう。

1

前著『ポルトガル逍遥』では福沢の『西洋事情』がアメリカ、オランダ、イギリス、ロシア、フランスなどを記述しながら、当初予定のポルトガルはとうとう記述されずに終わったことを記した。福沢の著述について詳しく調べると、『西洋事情』の初編は慶応二年に書かれ、政治の在り方、税法、国債、紙幣、兵制、学制などを総論的に紹介してから、アメリカ、オランダ、イギリスの国別に、その歴史、政治、軍備、財政などをそれぞれ解説している。そして当初の構想ではつぎにロシア、フランス、ポルトガル、ゼルマン総論、プロシアについての二編を書くつもりだったが、先に経済専門書を部分的に訳した外編を一八六七（慶応三）年に著し（刊行は一八六八年、慶応四年）、その後、二編に取りかかった。はじめにロシアを書き、フランスが長くなりすぎたので、以上で二編とした（一八六〇年、明治三年刊行）。したがって我々は福沢がアメリカ、オランダ、イギリス、ロシア、フランスをどう見ていたかについて『西洋事情』から知ることができ、これらの国々についての国民の理解は明治初めから進められていったところである。続いて三編に残りの国々を書こうとしたらしいが、ついに三編は書かれずに終わった。ポルトガル関係者としては残念に思っていたところだ。

一方、福沢は一一カ国と条約を取り結んだのにもかかわらず、当時の日本人にとって外国というと、唐《カラ》、唐人《トウジン》しか知らない、条約を結んだ国々の事情を知っておくべきと考え、全五六ページで大きい活字で書かれた小冊子、パンフレットのような本を書いた。しかも初めのページには絵入りで条約国の国旗を載せている。これが『条約十一国記』（一八六七年、慶応三年刊行）である。

後六カ国の最初の国、ポルトガルの項を見てみよう。まず『条約十一国記』のポルトガルの国旗は王国時代のもので、周知のように白地にポルトガル王家の紋章が入っている。つぎにポルトガルについての記述は今日の目で見ても、実に簡潔、要領を得ている。「葡萄牙は欧羅巴の西南にあり此国往古は盛にして渡海に骨を折り亜非利加の喜望峯を廻て印度海へ往来の乗筋を開きたる者も葡萄牙人なり」、「既に足利時代の末には九州に来たりて交易せしこともありしが、其後次第に衰微し」たと述べている。「人の数三百五十万に足らず、時候は程よく果物多し」、「外国の羅紗を買込む様子なり」、「政府より学問の世話行届」かず、リスボンは「彼国の千七百五十五年即ち我宝暦五年の頃大地震のため市中の建物不残潰れ今日に至るまで旧の如普請も出来」ず、「此の地震のときリスボンの死者三万人なりしという」とポルトガル事情を説明している。（当時の日本の人口は約三千万人であった。）

まさにポイントを突いている。しかも、福沢がポルトガル訪問の約百年前に起こったリスボン大地震について、幕末明治初めの外国事情に疎い日本の人々への説明で触れていることから、福沢の強烈な知識欲、歴史観、行き届いた研究ぶりが覗える。また、当時安政の大地震の記憶が強かったことからリスボン大地震を記しているのであろう。

福沢のヨーロッパ行きを記した『西航記』には、サルディニア王国の王女がポルトガル国王に嫁いだこと、ポルトガル貨幣局を訪問したこと、ポルトガルの鉄道とイギリス製の蒸気機関車のことなどをいろいろ調べ上げているので、時間さえ許せば、『西洋事情』のポルトガルの巻はすらすらと書けたものと思われる。

2

ポルトガルに続いて条約関係に入った五カ国について福沢がどのような見解を持っていたか尋ね

てみよう。

まずプロシアである。「国中の人別千六百万人、イギリス、フランスなどと肩を比較る大国なり」、「国中平地多く、牧を開て牛、馬、羊を飼ひ、五穀もよく登る。外国との交易はあまり繁昌せざれども、国の産物には木綿、毛織物、鉄の道具類多し。またコロンという所は香水を製する名所なり」。「プロシアの都をベルリンと言ふ。学問所多し。都て此国には学問の世話よく行届き」、「世界中一番の文国というべし」、「昔より陸軍の法よく行届き、国中の男には不残訓練を仕込」み、「ビスマルクといふ英雄の人、執権職に居て国の政治向を取扱ひ、一昨年はデンマークと戦ひ、去年の夏は又オーストリアと戦て、何れもこれに打勝」った。「ヨーロッパにてプロシアといへば実に日の出の勢」にあると説明している。

鋭い指摘が多いと感じるのは、私ばかりではないだろう。ドイツ関係者は福沢に『西洋事情』にプロシア、ドイツを書いてもらっていたら良かったと思っていることだろう。


次は後六カ国の三カ国目のスイスである。「スイスはヨーロッパ第一番の山国にて、海なし。国中の人別二百四十万人に足らざる小国なれども、政治向よく行届て風俗よし。国の人都てぎりを重んじ、国を大切に思ひ」、「何事にも出精して、学問の道も開け」ていると評価している。「此国の政事は寄合持にて、国王も大統領といふ者もな」く、上院と下院の二院があると説明し、さらに「ゼネワといふ湖水の畔にゼネワという市中あり、スイス国中一番繁昌なる所にて、世界に名高き時計の名所なり。日本などに舶来する時計も大抵ゼネワにて出来たるもの多し」、「此所にて一年の間に製する袖時計の数二十三万」と述べている。（スイス連邦参事会議長を大統領と呼ぶが、国家元首ではない。）

四カ国目のベルギーはどう描かれているだろう。「ベルギーはフランスとオランダとの間にある小国なれども」、「国中の人別四百四十万あり。土地柄よくして農業の行届たるはヨーロッパ第一なるべし。産物は五穀、茜根、麻、煙草等、又石炭の多くして、鉄類其外の金物を製することは、イギリスに続て盛なり」。ベルギーの都ブロッセルスより「南の方四、五里の所にワアテルロウといふ古戦場あり」、「千八百十五年、文化十二年フランス帝ナポレオンブナパルテ、イギリスの名将ヰルリントンと合戦して、フランスの軍勢敗北せし所なり」。「ベルギーの内にて最も商売の繁昌する所をアントエルプといふ」、「ベルギーは四、五十年前暫くオランダの支配なりしが、千八百三十年天保元年宗旨などのことに付、彼是議論ありて、ついに両国相分かれ、別々の王国となりしより、双方の居合もよく、太平無事にして今日まで及」んでいると短いながらよく説明している。ワーテルローの戦いは約五〇年前、ベルギー独立が約三五年前という記述、詳しさも面白い。

イタリアの番である。「イタリアは往古はローマといひし国にて、ヨーロッパの南に於いて地中海と言う海に張出したる国なり」。「十年計以来其の北にあるサルヂニアといふ国、追々強くなりて、イタリアの国々を大抵不残押領せしより、サルヂニアといふ名を棄、唯イタリアと唱て世間に通用する」と、イタリア統一の話から始まる。「イタリアは時候暖にして且風景のよき場所多し。風流人の好む国なり」と説明しつつ、「此の国の北の方にては繭を養ひ、絹絲竝《ならび》に反物をも織て外国に積出すこと多」い、「サルヂニアといふ大きな島あり、鰯の取れる所にて、ブリッキの箱に詰て方々へ積出す」と経済の説明をしている。次いで、「イタリアの都をフロレンスといふ。イタリア国中に一番家竝のよき市中なり。又ゼノワといふ所は外国交易の繁昌する港なり。即ち此所は今より三百七十六年前、初てアメリカ州を見出したるコロンピエスといふ人の生故郷なり」と解説し、最後にイタリアは「行々は海軍盛にしてイギリスに続くほどの勢になるべしとの評判」があると軍事面も触れている。(イタリア統一直後の首都はフィレンツェに置かれ、統一イタリアの支配がローマまで及び、ローマが首都となった。)

後六カ国の最後はデンマークである。「デンマークは往古はヨーロッパに北の方において大国と呼れし国なれども、当時は大に衰微」してしまっている。「漁蝋《ぎょろう》を渡世にするもの多」い。「子供の七歳より十四歳までの間は必ず学問所に行て教を受る国法」であると記し、ホルスチン、スレスヰックの二国について「一昨年プロシアとオーストリアとを相手に合戦をはじめ、遂に敗北して」取られてしまった、「デンマークの都をコペンハアといふ」、「よき港なり」と事実を述べている。

『条約十一国記』はまさに国民一般に必要な情報が解説されているというべきであろう。安政の五カ国に限らず福沢諭吉が後六カ国についてもしっかり調べ、情報発信してくれていたことは貴重なことである。江戸時代に生まれ、武士として育ってきた福沢の記述にヨーロッパの戦争を合戦として紹介しているのは面白いし、リスボン地震まで論じている。また、この時点でかなり経済について説明しているのも、明治に入ってからの富国政策との関連からも興味を引くといえよう。

3

いったい、江戸時代に外国事情はどうもたらされたのだろうか。近松門左衛門の『国性爺合戦』に当時の人々は高い関心を示し、オランダ商館長や朝鮮通信使の江戸参府には人集まりができたというが、庶民には外国情報はほとんどなかった。

一方、オランダ商館長がまとめた海外事情の報告書、「オランダ風説書」はオランダ船が日本に入港する都度日本に提出され、幕府の上層部は諸外国の情報を得ていた。鎖国政策が強化され、ポルトガルが追放されると、オランダが西洋国の中から唯一日本と貿易することを許された。その際オランダは幕府から情報提供を条件付けられていた。長崎のオランダ商館長からの情報提供は、初めのうちは日本が追放したポルトガルやスペインという当時のカトリック強国の復讐を恐れ、詳しい情勢を提供させることが目的だったという。しかし時代を下るにつれポルトガルやスペイン以外の国々の情報がウエートを増し、インド、アフリカ、南北アメリカ情勢なども報告され、アヘン戦争後にはジャワのオランダ政庁作成のもの（「別段風説書」とよぶ）も提出されていた。

一九世紀になり、アメリカがペリーの派遣を検討する頃にはオランダ国王親書が届けられたり、アヘン戦争やアロー号（広東焼払）事件についてはオランダからの第一報ののち日本側から追加情報を求めることもあった。もっともナポレオン戦争が起こり、オランダ国王が廃位させられても、日本に対しては国王は長い患いをされている、ウイーン会議後オランダ国王が復活すると、長い患いから回復されたと脚色されてもいた。

条約を結んだ徳川幕府の外国奉行らは条約を結ぶ相手国についてそれなりの情報はあったであろうが、日本に派遣された使節から事細かく聴取し、条約を取り結ぶかどうか決めるという受け身の態勢であった。条約に関係のない武士や町民、農民には外国情報は乏しかった。なかったと言ってもよいだろう。もっともアメリカの艦隊が来るとのオランダ情報は秘密のはずであったが、広く漏れていたという。

そのような中で下級武士出身の福沢が精力的に外国情報に接し、アメリカに二度、欧州へ一度渡航し、幕末、明治期の外国事情に最も通じていた者であった。旅費をやりくりして膨大な量の本も買って帰ってきた。『条約十一国記』、『西洋事情』や一八七五（明治八）年刊行の『文明論之概略』を著し、国民を啓蒙したことは画期的なことだった。その際安政の五カ国だけでなく、後六カ国についてもこれまで見てきたように、福沢は熱心に的確な説明をしている。福沢の解説した内容が明治以降徐々に国民に広まっていった。

（引用は『条約十一国記』から）

第四部　ポルトガルつれづれ

第一章　サクラとオリーブ

ポルトガルの大使時代にリスボンのテージョ川畔に日本庭園を建設するお手伝いができたことを『ポルトガル逍遥』に記した。そこで述べたとおり、日本庭園のお披露目と私のフェアウエル・パーティは、庭園の完成直前であり、芝生も半分程度しか敷かれていない建設現場で開かれた。前日の夜から当日朝まではあいにくの雨だったが、パーティが始まる直前に陽が差し込み、ほっとしたことを覚えている。大統領夫人を含め、三〇〇人以上の人々が集まってくれた。ポルトガルの人々やリスボン駐在の各国大使などの外交関係者に、日本庭園ができることを強く印象付けることができた。資金集めの委員長のバルセマン元首相や事務局長のムーランさんは「エブリバディ　イズ　ヒア」と言って喜んでくれたので、お披露目は成功だったと思う。最後の一〇〇万円を集めてくれた政治評論家のロジェイロ氏もニコニコだった。

1

帰国後多くの方々に、ポルトガル旅行のガイドブックにはまだ書かれていないが、リスボンに旅

2012年にリスボンの日本庭園を妻とともに再訪した筆者

行する際は、発見のモニュメントとベレンの塔の間のテージョ川畔にある日本庭園を見てきてください、とPRかたがたお願いした。リスボンの気候は温暖で晴天が続くので、二月ごろから七月ごろまでは桜の花が咲くようで、幸い多くの人々から「桜咲いていたよ」と報告をいただいた。また駐日ポルトガル大使はリスボンに住んでいる娘さんからの連絡を受け、先週咲いたようだと私に伝えてくれたこともあった。ポルトガル人からのクリスマスカードに、日本庭園まで時々車を走らせ桜を見に行っている、来年はもっとよく咲くでしょうと書かれていることもあった。

ところで、桜の花は年を追うごとに小ぶりとなり、期待していたように年々大ぶりになっていく様子でないことが伝えられたが、東京にいる身ではできることはほとんどないので、心配していた。テージョ川もベレンの塔の先で大西洋となるので、かなりの潮風が吹くことがつとに課題だったし、レモンやオリーブの木はほとんど水をやらないので、サクラに水を与えることも苦手ではないかなどアドバイスしてくれる方もいらした。そうこうしているうちに葡日友好協会が音頭をとって弱ってきた桜の木を新しいものに植え替えようということになり、三年ほど前に実行された。お陰で、今咲く桜は若いのでまだ小ぶりの花が咲くものの、いずれ立派な桜に成長すると期待できるほど事態は改善している。遠からず葡日友好協会が毎年お花見会を催すことができるようになろう。

二〇一二年の四～五月にリスボンに里帰りした際には桜は見事に咲いて、発見のモニュメントを見て、ベレンの塔に向かって歩く人々は桜を見て楽しんでくれているようだったし、若い男女が芝生に寝そべって桜を楽しんでいる光景にも出くわした。お陰で、日本庭園とテージョ川の間にあるレストランは客がよく入る店となっていたし、隣の五つ星ホテルは日本庭園を見るためにあるようなものといっていいほどのロケーションが評判を呼んでいた。日本庭園周辺がテージョ川畔の中でもひと際良い地区となっている。

2

さて、リスボン市長は先に述べたお披露目には都合がつかず出席できなかった。土地を提供してくれたのは市長であり、それ以外にもいろいろ世話になったので、帰国直前時間をやりくりして挨拶に伺った。ポルトガルに在勤した三年間の多くの出来事やロドリゲス市長の選挙戦など話は弾んだ。市長は日本庭園に桜を植えるということについてたいへん理解をしてくれていたし、本当に日本庭園ができてよかったと繰り返し述べてくれた。日本人と桜について議論をし、大西洋の西のワシントンＤＣの桜に匹敵できる大西洋の東側のリスボンの桜の話は特に気に入ったようだった。そのうちにぜひ日本にポルトガルを象徴する庭園ができるとよい、その庭園の植物はオリーブになるとかなり断定的に話し出し、ご満悦であった。

日本に戻ってしばらくは全く暇がない状況だったが、少し落ちついた頃、ロドリゲスさんの話を思い出した。考えてみると、ロドリゲスさんは私に要求をしていたということになる。いったいどういうことができるのか、どういうことが一番良いのか考えあぐねていたところ、懇意にしていただいている種子島の西之表市長さんから、毎年八月後半に開催される鉄砲祭りの案内をいただいた。日中には種子島鉄砲の発射、ポルトガル人に扮する仮装行列などの行事があり、夜は海上で花火の打ち上げられるお祭りだった。いずれも地元の方々が一生懸命に取り組まれていることに感激した。

そこでリスボン市長の話を披露したところ、それは種子島がいい、少し考えさせてくれと話が発展した。

この話を進めるには駐日ポルトガル大使の協力が必要と考え、これまでの経緯を報告したところ、オリーブの木五〇本までなら寄付をするとおっしゃっていただいた。大使の職は離れたが、日葡交流の案件であるので、私も同じ本数を寄付することとした。西之表市長さんはオリーブの木を百本寄付していただけるのなら、かなり大きい公園に植える必要がある、これから候補地を探し、なるべく早く実現させたい、とたいへん熱心になられた。

そういう次第で、一〇〇本のオリーブの木が港近くの若狭公園に植えられた。

私としてはポルトガルや南欧のオリーブのように地域になじんだオリーブの林に成長してほしいと思っており、市長にはよく面倒を見ていただくようお願いしている。さらに欲を言えば、オリーブは景色としてもいいが、それだけでなく、スポーツの優勝者にオリーブの冠を授与するといった習慣がもっと盛んになるとよいと思っているし、また、種子島でオリーブオイルが生産されるようになればもっとよい。小豆島に次いで種子島がオリーブの名産地となっていくことを夢見ている。

第二章　イワシとクジラとイルカ

一九九八年にリスボンで万国博覧会が開かれた。テーマは海だった。バスコ・ダ・ガマのアジア航路開航五百年を記念してのものだった。海をテーマに、海そのもの、漁業資源、海底に眠る地下資源、海洋法など、たいへん包括的に関連する内容を取り上げたものだった。リスボンに立派な水族館もできた。これはポルトガルを代表する海洋学者のマリオ・ルイヴォ氏が東京の品川の水族館、大阪の海遊館などを視察・研究のうえ建設されたものである。ここでは海に生きるポルトガルにふさわしいイワシとクジラとイルカの話をしよう。

1

ポルトガルとイワシを多くの日本人は結びつけて思い出すことが多い。どうしてこういう組み合わせが我々に記憶されているのだろう。実はこれは鰯を浜で焼くポルトガルのナザレの居酒屋でアマリア・ロドリゲスがファドを歌うのを映画で観て記憶しているからではなかろうか。どんな映画だったか辿ってみよう。それは第二次世界大戦が終わって九年後の一九五四年に封切られたフランス映画である。その映画は日本では「過去を持つ愛情」とやや理屈っぽい感じがするタイトルだが、フランスの原題は「テージョ川の恋人たち」であり、その恋の行方がテーマである。映画のストーリーは、裏切った妻を殺してしまったフランス人の男と、イギリス貴族の夫を殺したフランス女がリスボンの下町で出会い、愛し合うようになる、二人の愛はのっぴきならないものとなり、リスボンから北に一一〇キロの海辺の街、鰯の浜焼きで有名なナザレへ逃避行をする。そして、その海辺の街の酒場で、漁師だった夫を亡くした妻の思いを綴った「暗いはしけ」を歌っているのがアマリア・ロドリゲスである。

映画のシーンとなったポルトガルの町ナザレは、「暗いはしけ」の大ヒット以降、ヨーロッパ各地から観光客が訪れ、かつてのひなびた漁師町は夏のバカンス地となっている。私の中学時代の友人たちがポルトガルへやってきた時も、彼らの脳もナザレとイワシが刷り込まれていたので、鰯をナザレで食べなければポルトガルに来た甲斐がないと、飛行機でもらった魚の形をした容器にはいった醤油を持参で、鰯を十分楽しんでいた。

歌の題名は「暗いはしけ」とされているが、本当は〝Barco Negro〟すなわち「黒い小舟」である。漁師である愛する夫を暗い波間に失った妻の心を歌うファドとして知られる。もっともよく調べると、この曲は元来奴隷制時代のブラジルをテーマとする曲で、「黒い母」という題名だったという。映画のために新たに作詞してアマリアが歌い、世界的なヒットとなったのだった。さらに驚いたことにアマリアは「暗いはしけ」を「はじめ私はブラジルの曲とは知らなかった。アフリカの曲かと思っていた」と語っている。

いずれにせよ不思議な事情のあった映画だった。そして、ナザレと鰯とアマリアが日本の人々の記憶に残ったということである。

なお、アマリアは一九二〇年にリスボンの貧しい家庭に生まれ、一〇代半ばは波止場で果物を売り、一八歳でファドの店で初めて歌った。そして彼女の名を世界に広めたのが「暗いはしけ」であり、映画の二年後にパリのオランピア劇場で行われた公演の大成功であった。彼女はポルトガルの民衆音楽ファドを歌う、国民に最も愛された歌手であり、ファドというポルトガルの民衆音楽を世界に知らしめた人でもある。彼女は一九九九年に亡くなったが、今日リスボンにはアマリア・ロドリゲス記念館が設けられ、多くの人々が訪れている。

2

アソーレス諸島のガイドブックを読むと、これらの海域には魚類が豊富であるだけでなく、マッコウクジラをはじめとするクジラの仲間やイルカが数多く回遊しており、またホエール・ウオッチングが非常に人気の高い観光アクティビティになっている。約二〇年前にピコ島で始められ、その後ほかの島々に急速に広まっている。ホエール・ウオッチング用に改造された特別仕様のボートで沖に出ることにより、大型の海洋哺乳動物を二四種以上も観察することができるとガイドブックは誘っている。

かつては捕鯨がアソーレスの多くの島々において重要な営みの一つとなっていた。アントニオ・

タブッキの『島とクジラと女をめぐる断片』には「捕鯨行」という断片があり、捕鯨船に乗せてもらって、捕鯨の作業を見せてもらう。「正面からクジラに向かっていく」、「銛手はひとり船首にいて動かない」、「急所に命中させるには、十分な近距離、しかも、手負いのクジラの尾にやられないだけの遠さにボートが突入する瞬間だ」、「数秒間、アッと思うほどの速度で、すべては完了していた」、「銛は「投げ槍のように下から上に向かってほうりあげるのだった」などと昔ながらの捕鯨が描写されている。

ヘルマン・メルヴィルの『白鯨』の中に「捕鯨をなりわいとする人たちの多くは、アソーレス諸島の出身である」、「捕鯨船がしばしばこの島に寄港して、ごつごつした岩ばかりの浜辺で働いている農夫たちを雇う」、「どういうわけか島の住民たちは最高の捕鯨手になる」というくだりがあることはよく知られている。

捕鯨はどれだけ重要なのだろうか、なかなかその位置付けが最近では分からなくなっている。ヨーロッパの捕鯨は、スペイン北部のバスク人によって、一〇～一一世紀頃からビスケー湾で行われていた。初めは沿岸へ回遊してくるクジラを捕獲していたが、乱獲によって捕獲量が減少すると、次第に漁場は沖合へ移り、バスク人は一六世紀半ば以降、北アメリカのニューファンドランド島やラブラドール沿岸、ノルウェーの北極圏にあるスヴァールバル諸島周辺にまで進出していたといわれている。

一七世紀になると、イギリスやオランダ、デンマークなどがバスク人を使って、アイルランドやグリーンランド、スヴァールバル諸島などの海域で捕鯨を始めるようになる。そのなかでオランダが一人勝ちして世界最大の捕鯨国・鯨油国となるが、オランダ人だけではまったく足りず、北ドイツからの出稼ぎ労働者に依存していたという。

アメリカではクジラから良質の鯨油が取れることから、一七世紀中ごろ捕鯨が始まった。したがって油を採取したら、肉は捨てる捕鯨である。始めのうちは沿岸捕鯨だったが、一八世紀になると大型の捕鯨船とキャッチャーボートによる捕鯨となった。ヘルマン・メルヴィルの『白鯨』は一八五一年の作であり、そのころアソーレスの捕鯨手たちの優秀さが知れわたっていたというわけである。

また大西洋で乱獲し、資源が減少すると、太平洋での捕鯨へ進んでいったという。長期間にわたる捕鯨であったので、途中で薪水、食料を補給する必要があり、このような事情が日米和親条約締結を進めたアメリカの最初の動機であったのは周知のとおりである。

なお、こうした資源枯渇に加え、ペンシルベニア州での油田発見による灯火用の鯨油需要減少やアメリカ西部でのゴールドラッシュに捕鯨労働者の多くが転向したことにより、アメリカにおける捕鯨は衰退に向かった。もっともアソーレスからニューイングランド地域に移住した者も多く、アソーレス出身のポルトガルの国会議員には、ポルトガルとニューイングランド在住のポルトガル移民の子孫との交流を熱心に取り計らっている方もいることも触れておこう。

ポルトガルに滞在していた時ポルトガル外務省の高官に日本の調査捕鯨にEUが反対するが、ポルトガルは海やクジラ、魚資源を大事にする国なので、賛成に回ってほしいと訴えたことがあった。その高官はおっしゃる通りポルトガルも日本の苦しい事情は本当によくわかる、しかしポルトガルはEUに入って生きてゆくことにしたので、EUの決めた反捕鯨の立場は維持しないといけないと残念そうに答えたことが思い起こされる。

3

リスボンからさほど遠くない所でイルカを見ることができることをご存じだろうか。テージョ川を四月二五日橋でわたり、高速道路で南へ約三〇分でセトゥーバルに辿りつく。そこはサド川の河口で、ボートに乗ればイルカ・ウオッチングができる。信じられないくらい簡単に見ることができる。

サド川はポルトガルでは珍しい南から北に向かって流れ、徐々に北西に向きを変える川で、河口付近は川幅が広がっていて、北岸にはセトゥーバルなどの漁業の町があり、南岸には松林と砂浜が拡がる風光明媚なトロイア半島があり、川は西の大西洋に流れ込んでいる。一九八九年にサド川

トロイア半島をアラビダ山系から望む

河口に二三、一六〇ヘクタールの巨大な自然保護区が設けられた。ラムサール条約にも指定され、沼地も広がり、鳥類、魚類、イルカなどが豊富で、付近ではコメも育っている。現在三〇頭余のハンドウイルカ（バンドウイルカともいう）が確認されている。ハンドウイルカは一見全身灰色であるが、腹部はほぼ白い。このイルカは英語ではBottlenoseいう。文字通り上下の吻《ふん》が大きく突出しているからだそうであるが、本当の鼻孔（Nose）は頭の上にある噴気孔である。ハンドウイルカの顔は笑っているように見えると表現されることも多い。

我々はトロイア半島の付け根にあるコンポルタという村に滞在し、小さなモーターボートでサド川を少しさかのぼったアルカセル・ド・サルという町に向かっている時、遠くにイルカ数頭が泳いでいるところを見ることができた。

ドイツ生まれのステファン・ハルツェン博士は海に生息する哺乳類を専門とする生物学者であったが、ドイツにいたままでは研究を継続できないと思って、一九八六年から約一〇年間ポルトガルに居を移して研究を続け、一九九七年からはアメリカのフロリダに移って、海洋生物学や環境学の研究、サンゴ礁の保全など幅広く活躍している。ポルトガルではサド川河口のイルカの研究を行い、数多くの論文、本を著している。

同氏の研究によると、イルカがよく観察されるのは、セトウーバルの東ではサド川河口の南北の岸辺から離れた中流域、セトウーバルの西では北側の岸辺付近、そしてトロイア半島西の大西洋の浅瀬であるという。また、サド川の上流の浅瀬には川の流量の多いときにのみ現れるそうだ。同氏の研究はポルトガルではエスピリト・サント銀行、ドイツではシーメンス、またアメリカの財団などから資金援助を得ていたという。エスピリト・サント銀行のマリオ・アマラル氏はハルツェン氏をコンポルタの別荘によく呼び、同氏とテニスをするなどして物心両面で支えたといわれている。そんな努力のおかげで、サド川河口のイルカの生態の研究と保護が図られたのである。

この地域をもう少し調べてみると、この地域では遥か新石器時代から人々が漁をし、塩を採り、米を育ててきたという。今でも使われている漁船は船首と船尾がせりあがっているアラビア風のもので、たいへんおもしろい。また我々の訪ねたアルカセル・ド・サルのサルは塩のことである。マリオ・アマラル氏と苦労をともにしてきたオデーテ・アマラル夫人は「オーストリアの岩塩の町ザルツブルグを知っているか。アルカセル・ド・サルはポルトガルのザルツブルグよ」と言って、楽しんでいた。米はサド川の南側の湿地地帯で作られており、我々も入手して炊いたところ、日本のコメよりやや硬質だったと記憶する。

なお、この地域の北側一帯は「テラス・ド・サド（サド川の岸辺）」と呼ばれ、昔より良質なワインの産地として知られている。モスカテルと呼ばれる白ワインで、モスカテルとはブドウのマスカット種のことで、ワインは香り高く甘口である。食前酒や食後酒として楽しめ、新鮮な魚介料理にもマッチする味わいである。

第三章　ポルトワインとマデイラワイン

ポルトガルでは全国でたくさんのワインがつくられている。どれもおいしいのだが、量が限られている。その点、ポルトワインとマデイラワインはいずれも酒精強化ワインで、まさに輸出してきたので、量も豊富、安いので世界中のワイン愛好者に気に入られている。同じアングロ・サクソンなのに、なぜかイギリス人はポルトワインを好み、アメリカ人はマデイラワインを好むようだ。

1

ポルトワインは、ポルトガル北部の中心商業都市ポルトを流れるドウロ川の上流域で育ったワインに、ブドウからつくったブランディーを足してつくり、ドウロ川の河口地域で何年も寝かせたものだけがポルトワインと呼べることになっている。一四世紀ころからつくられたというが、一八世紀の頃イギリスへ大いに輸出された。通常のワインをポルトガルからイギリスへ船で運ぶと、大西洋の荒波に揺られ、ワインの劣化が起こったので、それを防ぐためブランディーを混ぜたともいわれている。

ドウロ川上流沿いの谷にはブドウの段々畑が広がる

まだ糖分が残っている発酵途中にアルコール度数七七度のブランディーを加えて、酵母の働きを止めることになる。この製法によって独特の甘みとコクが生まれる。また、アルコール度数は二〇度前後と通常のワインの一〇〜一五度に対し五〜一〇度程も高く、保存性が非常に優れている。このため、ポルトワインは一度封を切っても通常のワインのように急激な風味の劣化、変化が起こることはなく、またタンニンの多少によらず長期保存が可能である。

今日では世界中でよく飲まれているうえ、多くの作家をひきつけてきたので、ポルトワインの出てくる小説は限りなくたくさんある。推理小説にもよく出てくる。イギリス南部のデヴォンシャー生まれの推理作家アガサ・クリスティはあまりアルコールが得意でなかったと評されるものの、ポルトワインを『三幕の殺人』に登場させている。第一幕では元俳優のチャールス・カートライトがルーマスの別荘でカクテルパーティーを開く。マルティニが出席者に配られる。客のスティーブン・バビントンは牧師で一番殺されるには縁遠いように思われるのに、飲むやふらふらと倒れ、絶命する。犯人探しが始まる。第二幕では医者のバーソロミュー・ストレンジが自宅で開くパーティでポルトワインに毒物を入れられ、殺される。第三幕では探偵のエルキュール・ポアロが本格的に犯人探しを頼まれ、開くパーティで、ここではシェリーが配られるという設定である。そこでのトリックによってポアロが犯人を明らかにするというわけである。マルティニはカクテルの王様と言われ、ポルトワインとシェリーがそれぞれの幕に出てくる粋なストーリーの展開であるのも興味深い。

イギリス人は本当にポルトワインが好きなせいか、『ポルトワインを一杯』（アンドリュー・ガーブ作）はずばり推理小説のタイトルとなっている。短編でスリリングな良い作品であるが、一杯のポルトワインを絨毯にこぼしてしまったことが失敗だったというものである。

一八世紀にはポルトガルからイギリスへ大量に輸出され、イギリスのポルトワインへの投資も進み、テイラーなどイギリスの名字の付いたポルトワインも多い。

2

一方、アメリカ人の好むマデイラワインも、ブドウ果汁が酵母によって醗酵している時に蒸留酒を添加することで、強制的に醗酵を止めるという酒精強化ワインであり、ポルトワインやシェリーと並ぶ、世界三大酒精強化ワインの一つである。マデイラワインの場合酒精強化の際に添加される蒸留酒は、ブドウから造られた中性スピリッツである。酒精強化の後、数カ月の安定期間を置き加熱処理が施される。加熱方法のひとつはワインの樽に温水の入ったパイプを通す方法である。

マデイラワイン独特の加熱処理は一七世紀に始まったといわれている。イギリスとインドを往復した船に積まれていたマデイラ島産のワインが、赤道付近を航海する時の暑さのために独特の風味が出て美味しくなったことにヒントを得て、加熱処理が行われるようになったといわれている。そこで人工的に加熱することによって熱帯の気象に曝されたのと同じ効果を得ようと、さまざまなアイディア、方法が試されたということだ。

一五世紀以降マデイラ島はヨーロッパからアメリカ大陸や喜望峰を周る航路の中継基地として栄えた。この頃からマデイラ島では、ワインが主要な輸出品であった。一六六一年にポルトガル王女のキャサリンと結婚したチャールズ二世イギリス国王は、マデイラ島から直接イギリスの植民地にワインを供給することを認めたため、アメリカ大陸をはじめとしたイギリスの植民地ではマデイラワインが飲まれるようになった。

一七七六年のアメリカ合衆国独立宣言に署名して乾杯をする時に、マデイラワインが使われたことが知られている。執筆者のトーマス・ジェファーソンはもとよりマデイラワインがお気に入りだったことにとどまらず、ジョージ・ワシントン、アレクサンダー・ハミルトン、ベンジャミン・フランクリン、ジョン・アダムスらアメリカ独立の立役者の好物だったという。

一七八九年のジョージ・ワシントンの大統領就任の際の乾杯にも、一八〇三年のルイジアナ購入の際の乾杯にもマデイラワインが使用されたという。アメリカ合衆国がイギリスから独立すると、マデイラ以外のワインがアメリカ合衆国市場に入り込み、マデイラワインの独占状態は終わったものの、その後長らくマデイラワインの生産量の四分の一はアメリカ向けだったという。

なお、日本に遠征したマシュー・ペリーはマデイラに寄港し、大量にマデイラワインを買い込み、浦賀、横須賀で徳川幕府の高官に船上で酒をふるまったというが、その時の酒もマデイラワインと言われている。

ポルトガルの二大酒精強化ワインがそれぞれイギリスとアメリカの人々に好まれていることは面白いし、ポルトガルという国、民族の懐の深さに感心する。

第四章　サンタ・カタリナ号拿捕事件

一七世紀初めサンタ・カタリナ号がアジアで捕獲された。これはオランダ・ポルトガル戦争の一部となる初期の重要事件であったが、さらに国際法の発展にとっても画期的な論争を呼び起こす事件でもあった。

1

一六〇二年九月の早朝から海上での戦闘が始まり、数時間後に絹をはじめとする中国産品や日本の産品を満載したポルトガル船サンタ・カタリナ号が拿捕された。マカオからマラッカへ向かっていたポルトガルの王室船で、一六〇〇トンの大型カラック船だった。オランダはシンガポール、ジョホール沖合で戦闘のうえ捕え、オランダまで曳航し、裁判にかけ、翌年オークションにかけて戦利品を売却した。その売り上げで何とオランダ東インド会社は資本金を倍額にすることができたという。

この事件は先に述べたようにオランダ・ポルトガル戦争の初期の重要なものである。オランダはスペインからの独立を果たすために戦争状態だったが、一五八〇年にスペイン・ポルトガルの同君連合が成立すると、ポルトガルとの緊張関係が高まった。一五九八年スペイン国王の命令でオランダ船のリスボン寄港が禁止されると、オランダは東洋の産品を入手できなくってしまったので、アメリカ、アフリカ、アジアの各地でスペインの領土はもちろん、ポルトガルの領土に攻撃をかけた（第三部参照）。

オランダ・ポルトガル戦争といってもピンとこないし、オランダとポルトガルの間でヨーロッパを戦場にした戦闘があったわけではない。オランダはポルトガルの支配地域とされていた海域に進出し、世界中で戦争が始まったのである。オランダの動きをいくつかを挙げてみよう。

一五九八年　サン・トメ、プリンシペ両島への攻撃
一六〇五年　アンボイナ島（香料諸島の入り口の島）征服
一六二四年　ブラジルのバイア占領（～二五年）
一六三〇年　ブラジルのレシフェ占領（～五四年）
一六三八年　西アフリカのミナ攻撃
一六四一年　マラッカを激戦の後占領
同年　西アフリカのロアンゴ・アンゴラ占領（～四八年）
一六四六年　マニラ海戦ではかろうじてスペインが勝利
一六五二年　南アフリカケープタウン占領
一六五六年　セイロン島コロンボ占領
一六六三年　インドマラバルの占領

この長期にわたる植民地争奪戦は香料貿易・奴隷貿易・砂糖貿易をめぐっての世界戦争だったことがわかる。オランダがスペインからの独立を認められた一六四八年のミュンスターの平和条約（ウエストファリア条約の一部）締結後も戦争は続き、一六六一年になりハーグ条約が結ばれた。ポルトガルは六三トン相当の金貨を支払って、平和条約を結んで、世界中での戦闘を終結させたのであった。（もっともオランダによるインドのマラバールの征服は条約締結後のことだった。）

その結果アメリカ（ブラジル）とアフリカ（アンゴラ）ではポルトガルの支配が続けられ、南アジアと東アジアではオランダが勝ち、日本との貿易もオランダが独占することとなった。

2

オランダでの裁判も大きな問題をはらんでいた。サンタ・カタリナ号拿捕の指揮をしていたヘームスケルクはオランダの法学者フーゴ・グロチウスの父方の祖母の弟で、一六〇四年にはグロチウスがポルトガルのキャラック船とその船の貨物の差し押さえ事件にかかわることになった。実はヘームスケルクはオランダ政府やオランダ東インド会社から武力を行使する権限を与えられていなかったので、難しい問題であった。

グロチウスの主張は簡単に言うと次のようになる。ポルトガルは東インド（アジアとその海域）を支配するためには所有する必要があるが、ポルトガルは東インドを所有しているわけではない、発見によってもローマ教王の贈与によっても東インドへの航路の独占をポルトガル人は主張できない、すべての人が東インドとの通商に参加する権利を有する、オランダは東インドとの通商を継続すべきであるとしたのであった。いわゆる自然法、万民法にもとづく主張だった。一六〇四〜五年ごろに「インドについて」とする書簡はそのような見解を明らかにしている。

一六〇九年になるとさらに自論を敷衍した『自由海論』をグロチウスは著した。そのころオランダとスペインの休戦交渉が始められ、スペインは密接な関係のあったポルトガルを支持してオランダが東インド通商に参加することに難色を示し、スペインはオランダの独立を承認する代わりに、東インド会社のアジアからの撤退を要求したという。これに対し東インド会社は、オランダ政府がスペインに譲歩することを避け、オランダ国内、国外の世論に東インドとの交易の必要性を訴えるため、グロチウスにこの本の執筆を依頼したのであった。(もっとも一六〇九〜二一年の間停戦は成立した。)

ポルトガルでは一六二五年にセラフィム・ジ・フレイタスが『アジアにおけるポルトガル人の正当な支配について』を著し、スペインではファン・ソロサノ・ペレイラが『インド法』を著してグロチウスに反論し、イギリスではジョン・セルデンが「封鎖海論」を主張し、国際的、学術的論争を引き起こしたが、一七〇二年になるとオランダのコルネリウス・ファン・バインケルスフークが『海洋主権論』を著し、大砲の届く三マイルまでの海はその沿岸国が保有すると主張して、最近まで続く領海の考えを打ち出したのだった。いずれにせよ一つの拿捕事件から国際法が発展を見たわけで、グロチウスは国際法の父と呼ばれるのである。

そのグロチウスはオランダ国内での政争に巻き込まれ、投獄された後、脱獄してパリに逃げた。

しばらくして一六三四年になるとスウェーデン国王グスタフ二世から駐仏スウェーデン大使に任命された。グスタフ二世は戦場で軍隊を指揮する際には絶えず鞄の中にグロチウスの本を携行するほどにグロチウスに傾倒していたという。

なお、ポルトガルが学問の発展に寄与したのはゴアの生物学者ガルシア・ダ・オルタがインドの植物、薬草を研究し、スパイスの真贋を見分けたこと（一六世紀）、ここに説明した一七世紀に入っての自由海、封鎖海論争、一八～九世紀のデイヴィド・リカルドによるポルトガルのワインとイギリスのラシャの取引を論じた自由貿易論などがある。また一七五五年のリスボン大地震の後、地震学が発展をみることになったし、哲学者ヴォルテールは『カンディード』を書き、予定調和的、楽観論を見直させることにつながった。最近の国際海洋法の発展にも貢献している。

ポルトガルという国の面白い位置づけに気がつく。ポルトガルは重要な局面に登場する国である。

第五章　南蛮屏風の下張り文書をまた発見

南蛮屏風のことはご存じであろう。安土桃山時代から江戸時代初期にかけてポルトガル人の来航の様子や風俗を描いた屏風のことである。屏風の下地骨に何重にも紙を貼ることを、下張りという。使用済みの大福帳や文書類を使う場合も多い。そんな下張り文書は当時の事情を伝える貴重な資料であり、発見、修復、研究が進められてきている。

1

従来エヴォラで発見された下張り文書が研究されてきた。周知の通り、エヴォラはポルトガル南部のアレンテージョの中心地であり、イエズス会の本部が置かれてきたところであるので、古文書がエヴォラ（そしてリスボン）で発見されることはある意味当然だったが、二〇一四年新たにポルト、いまも昔も商業の中心で、アジアや日本への船も多数出帆した港で発見されたのである。かまくら春秋社の伊藤玄二郎氏と京都国立博物館の修復工房の方々がポルトに飛び、屏風から剝がし、ポルトガルの関係者、研究者から下張り文書が日本側に渡された。これから修復と研究が行われること

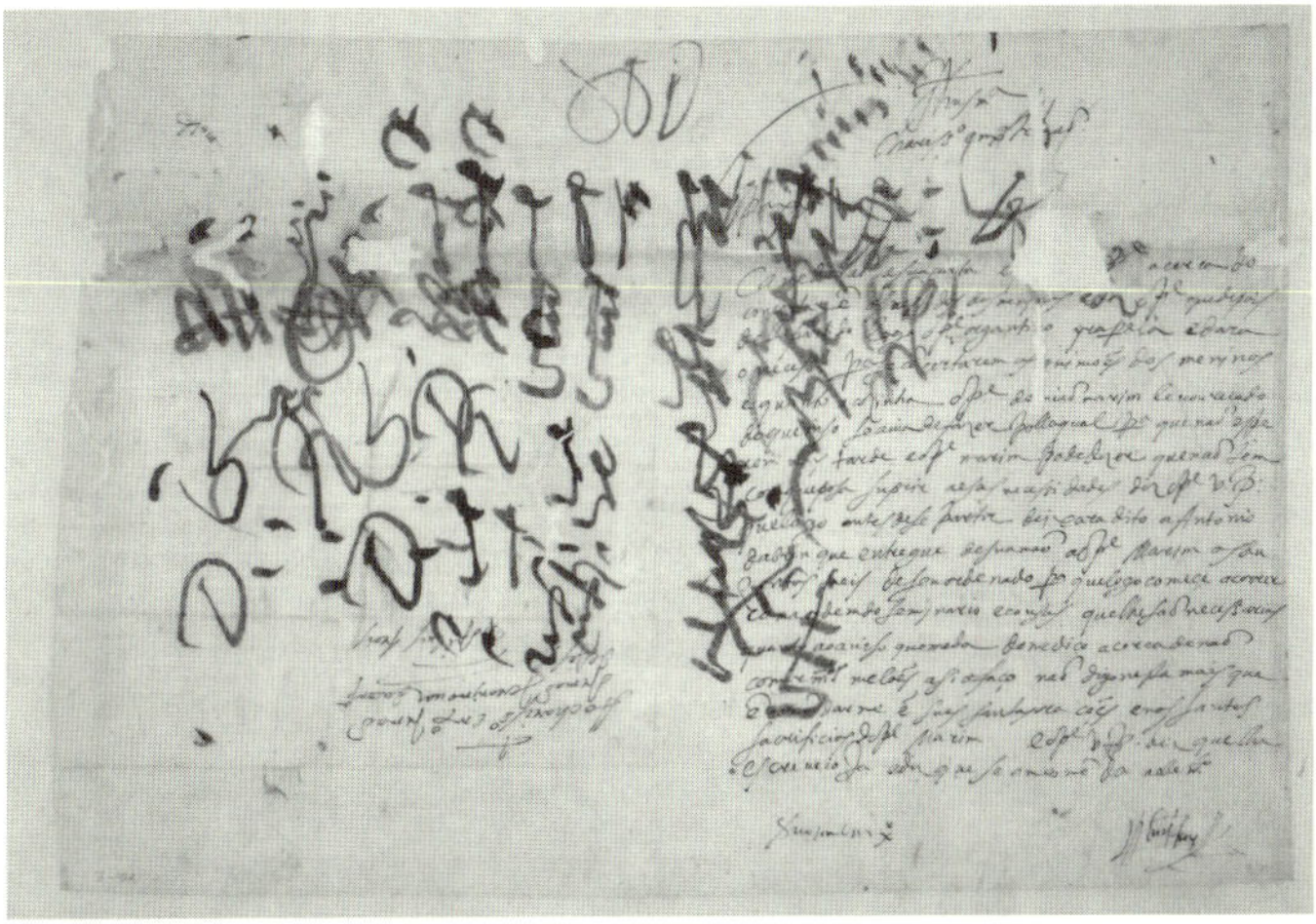

エヴォラ屏風下張り文書のルイス・フロイスの手紙（写真提供／南蛮屏風下張り文書修復実行委員会）

になる。今回のものには、『日本史』を書いたルイス・フロイス関係のものが多く含まれているのではと推測されているので、もしフロイスの往復書簡などであれば、当時の事情がいっそう明らかにされることになる。その分期待も高まる。

私の手元に『エヴォラ屏風の世界』という貴重な本がある。これはエヴォラの図書館に収められていた下張り文書を一九九七年から二〇〇〇年にかけてポルトガルから日本に運び、日本で修復するとともに文書を調査研究し、もとの下張り文書はポルトガルへ返還した事業のすべてを記したものである。イエズス会の巡察使アレサンドロ・ヴァリニャーノの講義した「日本のカテキズモ」（カテキズモは教理問答書のこと）や近畿地方の宣教師オルガンチーノの「入満心得」（入満とは修道士のこと）、宣教師やキリシタンの間の往復書簡などが研究、紹介されている。「カテキズモ」や「入満心得」により一六、七世紀の頃の宣教の様子がうかがわれ、当時の宣教師たちのものの考え方や日本人がまだよくわからないキリスト教について苦労して勉強したことがよくわかる。また書簡により秀吉周辺の位の高いキリシタン武士の動向もわかるのである。

この本の出版以降研究がすすめられているので、今回のものが加われば、いずれ歴史が書き換えられることもありうると考えた方がいいだろう。

2

古文書は三〇〇年余の眠りから覚め、二〇世紀初めから研究されてきた。一九〇二（明治三五）年村上直次郎はリスボンの国立図書館で何通かの書状を発見し、それらがエヴォラからもたらされたと聞き、エヴォラ図書館を訪れて、屏風と下張り文書を調査した。しかし、それから長い間何も進展がなかった。

ようやく昭和になって土井忠生がエヴォラに行き、村上の発見した文書の断片を書き写し、幸田成友も文書をみてきている。その後一九四一（昭和一六）年には当時のエヴォラ図書館長シルヴェイラが屏風の中にあった巡察使ヴァリニャーノの講義録などを発見していた。戦後になって村上の弟子である松田毅一はエヴォラへ行き、これまで発見されたものを確認している。そして、さらに三〇年以上の後、愛知万博の誘致のため小渕恵三氏らのミッションがポルトガルを訪れた際、伊藤玄二郎氏が多数の随員をエヴォラまで誘い、古文書の修復、保存、研究が包括的に進められる方向が決められた。この事業の概要が先に述べた『エヴォラ屏風の世界』にまとめられたのであった。

3

「独り燈りの下に書を広げて、見ぬ世の人を友とするこそ、こよなう慰むわざなれ」。これは吉田兼好の書いた『徒然草』の中の一文である。たしかに古い文書を読むことは時代を隔て、見たことのない人に会い、言葉を交わすことで、こんなに素晴らしい、胸躍るようなことはないと思う。屏風の下張り文書からヴァリニャーノ、オルガンチーノ、フロイスらの生の声を聞き、キリシタン迫害が始まるころの秀吉周辺のキリシタン武士らの声も聞ける。今回の新たな文書によってさらに多くの人々が彼らの生の声に接することができるだろう。表具師や狩野派の絵師の中にもキリシタンがいたのであろう。迫害が迫る中で多くの文書を屏風の中に隠したこともあったかもしれない。そんなことを想像するだけでドキドキするのは私だけではないだろう。今回の文書の修復、研究が順調に進められることを願おう。

第六章　行っていなくても書かれたポルトガル

明治になって広く世界に知識を求める機運が高まった。一八七一（明治四）年になると幕末の不平等条約の改正や新生日本を取り巻く米欧諸国の視察のため、岩倉使節団が派遣された。同年一一月（陰暦。西暦では一二月）に横浜を出発し、太平洋を渡り、サンフランシスコから陸路ワシントンDC入りしたが、アメリカには約八カ月もの長期滞在となった。その後大西洋を渡り、ヨーロッパ各国を歴訪した。ヨーロッパでの訪問国は、イギリス（四カ月）、フランス（二カ月）、ベルギー、オランダ、ドイツ（三週間）、ロシア（二週間）、デンマーク、スウェーデン、イタリア、オーストリア（ウィーン万国博覧会を視察）、スイスの一二カ国に上る。帰途は、地中海からスエズ運河（一八六九年一一月開通）を通過し、紅海を経てアジア各地にあるヨーロッパ諸国の植民地（セイロン、シンガポール、サイゴン、香港、上海等）への訪問も行われた。出発から一年一〇カ月後の一八七三（明治六）年九月に横浜港に戻ってきた。

特命全権大使を岩倉具視とし、副使は木戸孝允（桂小五郎）、大久保利通、伊藤博文、山口尚芳の四名とし、その他の使節四一名、随員一八名というたいへん大規模な使節団で、さらに各国に留学させる四三名も加わっていた。当初大隈重信が構想した時は規模は小さかったのだが、最終的には大規模なものになった。一国の政府のトップがこぞって国を離れ長期間外遊するというのは極めて異例なことだったが、彼らがじかに国王、首相などに会い、西洋文明や思想に触れ、しかも多くの国情を比較体験する機会を得たことはたいへん意義深いものであったし、その後の日本の進路を左右したと言っても過言ではない。その記録が『米欧回覧実記』である。大隈と同じ元佐賀藩士の久米邦武が著した。

すでに述べた国々を訪れ、ポルトガルへは行かなかったと残念に思いつつ、『米欧回覧実記』を読んだところ、第五編第八八巻に「西班牙及葡萄牙国ノ略記」がある。これは「二月十一日、西班牙国王『アフチオ』位ヲ辞シ、国人ハ共和政府ニ変革シタルコトヲ公告シ、仏国モ未タ之ヲ公認セサル云々ノ報知ニヨリ」スペインに寄らず、ポルトガルへ行くことを考えていたところ、「日本ヨリノ電報ヲ得テ」にわかに帰国することとなったという。それで両国に「回覧ヲ得ス、因テ両国ノ景況ヲ聞知セル所ヲ集メ、此ニ大略ヲ記述シオクベシ」とスペイン、ポルトガルについて簡単な国情の記述がある。

ポルトガルについて記しているところを箇条書きにしてみよう。

○「葡萄牙王国ハ」「一千年代ヨリ一国ヲナシ」、「一千四百年代ノ季ヨリ、公開鑿《サクチ》地ノ業績ヲ競ヒ、バスコーデーガーマ初メテ喜望峰ヲ回リ、印度ノ航路ヲ開キシ」はコロンボ（コロンブス）のアメリカ発見と並ぶ「千古ノ美談ナリ」とし、最近では植民地は独立したり、英国に収められたりしているものの、「全属地ノ大サハ本国ノ二十倍シ、人口殆ト本国ニ匹スヘシ」と述べる。

さらにボルゴンシー家の治世ののちスペインと同君連合となったが、「葡人ハ西ノ貧残ナル政ニ堪ユルコト能ハス」、ブラガンサ家を立てたと説明、現国王はルイという名であると説明する。
○立法については「上院ニハ貴族及ヒ有爵ノ人」を「国王ヨリ終身命セラル」、「下院ニハ、全国ノ良民中ニ、百十弗以上ノ歳入アルモノヨリ撰挙ス」る、「軍事租税ノ艸案ハ、下院ニテ起草ス」ると、議会の仕組みに触れている。行政は陸海軍、内外務、司法、土木、会計ノ七省ヲ分チ、属地ハ海軍省ニテ支配」する、「内閣大臣ハ十六人」で、このうち「三人ハ終身命セラレ」ていると記している。
○「地勢ハ、西班牙国ト山嶺ヲ背ニシ、西ニ向ヒテ傾斜セリ」、「河ノ通流自在ニテ、運河溝渠等ノ設ケヲ要セス」、「鉄路ハ政府ヨリ扶助シテ架成ス」、「総長ハ七百八十二キロメートルニ及ぶと、鉄道について関心を示している。
○「気候ハ、一般ニ健康ニ宜シ」、「西海岸ニハ雨甚タ多シ」、「南方ノ諸州ハ最モ温暖ニテ、雪ヲミルコト甚タ稀ナリ」。
○「全国ニ五万口以上ノ都会ハ唯二アリ」、「里斯奔《リスボン》府ハタギュス河ノ圧瀾洋《タイセイヨウ》へ注ク口ニ於テ、其北岸ヲシメ高キニヨリ海ニムカヒ、風景画ノ如ク、其屋宇ノ美、繁栄ノ象、是ヲ小倫敦ト称ス」として、「一千七百五十年（正しくは一七五五年）、大地震ニテ打崩サレテ、其後ニ築キシ区ハ、街路井井《セイセイ》トシ法アリ、且修潔ニテ、楼閣ミナ壮美ナリ」と褒めている。
○ポルトガルは「元来工芸ニテ立ル国ニハアラス」、農産物の「出産猶甚タ少シ」、「唯葡萄ハ其質碩美ニテ、産出最モ多ク」、「輸出ヲ大ナリトス」、「一千八百五十三年ヨリ、葡萄に病ヲ生シ」

たと産業について述べている。
○「此国ハ属地ノ叛立ヨリ」、「貿易大ニ衰ヘ」と述べ、輸出入品、輸出入金額を詳しく記し、その後で「商船ハ八百十三艘ニテ、其容積八万八千五百噸ナリ」とこれまた詳しい。
○「国民ハ、西班牙ト同シク、元ハ羅甸《ラテン》人ノ苗裔ニカヽル、其国語モ此ヨリ変化シ、羅甸カリシヤノ両語ヲ混シ、漸クニ訛シテ、葡萄牙一種ノ国語ヲナシ」ている、「全国概シテ、羅馬《ローマ》カトレイキ教ナリ」、「信向ハ固リ自由」であると説明している、
○「学校モ寺院ノ管轄ヲ離レテ、内務省ニテ教育ヲ管掌ス、三十年来ハ、父母ニ強迫ノ令ヲ行ヒタレトモ、実際ニ行ハル、コト難」しかったと教育状況を観察している。「葡西ノ両国ハ」、「欧洲ニテ教育ノ劣レル国ナリ」、「葡国ハ大小学ヲ幷セテ微ナリ、大学校ハ、只コレンブラニ一箇所アルノミ」と詳しく調べている。

我々がポルトガルについて知るところは久米の記したところの延長線上にあるとみてよく、一二世紀の建国、王家の変遷、立法、行政などの政体、リスボンの街並み、地勢、産業、輸出入、国語、学校など万遍なく調べていることは、明治に入って日本の国をどういう国にしてゆくかという観点から調べ上げているというべきだろう。しかも訪れることのできなかった国についても『米欧回覧実記』に記し、当時の国民に材料を提供しているのはたいへん素晴らしいことである。また久米邦武は出張前にも、出張中にも訪問国、調査対象についてよく調べてくれた。そういう規律、知性の高さが我々に裨益しているのである。

福沢諭吉が、徳川幕府が初めてヨーロッパに派遣した使節団の竹内使節団（文久遣欧使節団）に加わり、リスボンに短いが滞在したものの、『西洋事情』に書くことができなかったのは残念なことだったが、一方久米邦武は岩倉使節団のいわば公式記録員として重要な記録を残し、予定していたが訪問できなかったポルトガルまで記録に残してくれた。これは稀有なことだった。久米に感謝しなくてはならない。

第七章　ポルトガルのタングステン

大宅壮一が『世界の裏街道を行く―中近東・ヨーロッパ編』で、ポルトガルが第二次世界大戦に巻き込まれないためのタングステンの輸出禁止、全鉱区の閉鎖を紹介していることを述べた（二九頁）。タングステンのことは『ポルトガル逍遙』でも触れた。これは過去の事件としてこんなこともあったと知っておくとよい、と思ったからであった。ところが最近になってタングステンがまた話題となり、それがポルトガルと日本との関わりを深めたことを記しておこう。

1

タングステンはスウェーデン語のタング（重い）とステン（石）に由来する。最も重い元素のひとつで、金属中で最も高い融点（三四〇〇度）を持ち、常温では酸化せず、水とも反応しない。耐食性、熱伝導張率が低く、高温下（温度一六五〇度以上）では金属中最高の引張り強度を発揮する。

むかしはタングステンは電球のフィラメント素材として利用していたものだったが、冷戦終結後は一般産業向けに広く利用されることとなった。特に日本では超硬工具や携帯マナーモードの振動素子に使っている。しかし、実際には戦略物資として重要であった。タングステンの優れた強靭・耐食性は戦車の防弾鋼板に使用され、戦争が起きるたびに価格が暴騰する代表的な「戦略物資」だった。さらにイラク戦争で残留放射能が問題化した劣化ウラン弾に代わり、劣化ウラン並みに重く硬くても放射能を出さない対戦車弾頭素材として注目されていた。

さて、日中国交正常化以降日本は中国のタングステン、モリブデンなどのレアメタルやレアアースの買い付けに努め、技術協力もしてきたところ、世界全体でみても八〇年代から九〇年代にかけての中国の安値攻勢で、対抗できなくなった世界各地の鉱山が閉鎖に追い込まれて、中国の生産の独占が維持されてきた。中国は一九九一年にはタングステンを国家保護鉱種に指定し、許可制を敷き、輸出許可証の発給枠の縮小、輸出増値税の還付の縮小・撤廃、輸出関税の賦課・増税を進めてきた。

二一世紀を迎えてからはＩＴブームが起こり、二〇〇三年頃から資源ブームが本格化していった。世界の投機家やファンドがＩＴ機器の重要な材料となるレアメタル、レアアースを買いあさり、価格が急騰していた。そんな折、二〇一〇年九月、尖閣諸島付近で発生した日本の巡視船に中国の漁船が衝突する事件を受けて両国間の緊張が高まるなか、中国が外交カードとして日本へのレアアース輸出を禁止する措置に出た。禁輸はタングステン、モリブデン、レアアースが対象とされ、その後二〇一〇年下半期のレアアース輸出枠を七二％削減すると発表した。これでにわかに供給不安を懸念する声が国際的に高まり、その後のレアメタル、レアアースの世界的な価格高騰につながった。なんと一〇倍以上に跳ね上がった。

二〇一二年三月、日本、アメリカ、EUは共同して中国がレアアース、タングステン、モリブデンに関して不当な輸出制限をしているとしてWTO（世界貿易機関）に提訴した。これに対して中国は環境や天然資源の保護などを理由に、輸出制限は正当と主張した。二年後の二〇一四年三月にはWTOの紛争処理小委員会（第一審に相当）で中国が敗訴した。中国は上級審に提訴したが、同年八月に紛争処理上級委員会でも中国の輸出制限は国内産業を恣意的に優遇する政策であると断定され、日米欧の訴えをほぼ全面的に認めたのだった。WTOの紛争処理は二審制なので、提訴した日米欧の勝利が確定した。したがって、今後は中国がどのように輸出許可制度などを改革するかに焦点が移るということになった。

一方、わが国ではつとにレアアース対策として、「鉱山開発・権益確保／供給確保」、「代替材料・使用量低減技術開発」、「リサイクルの推進」などを進めている。わが国の企業が中国以外でタングステンやレアアースの供給を確保することが重要で、商社や鉱山会社が供給先を求めていろいろ折衝してきた。そのなかで二〇〇七年商社の双日がカナダのタングステン生産会社を完全子会社化することに成功した。カナダのプライマリー・メタル社はポルトガルで一〇〇年以上にわたって操業しているパナスケイラ鉱山を保有しており、年間約一一〇〇トンのタングステン精鉱を生産し、埋蔵量は二〇年分以上あるという。双日はトロント・ベンチャー証券市場に上場しているプライマリー・メタル社に友好的株式公開買い付けを実施し、成功したのであった。これで日本はポルトガルからタングステンを安定的に輸入できることになった。

これでまた、日本とポルトガルの関係が密接になった。

エストレラ山脈。国内最大の山脈で国内最高峰の山（1991m）がある

2

周知の通り、ポルトガル中部の山岳地帯のエストレラ山を中心とする花崗岩地帯には、古くからタングステン・錫・銅・金鉱山がある。その中のひとつがパナスケイラ鉱山である。カステロ・ブランコ県コビリアン市に所在し、リスボンから約三〇〇キロ、ポルトから約二五〇キロで、エストレラ山系の南端で街には大学もある。鉱山は標高七〇〇メートルもある山の中ということになる。

推理小説好きの方のために触れると、ロバート・ウィルソン著『リスボンの小さな死』（田村義進訳）はリスボンの浜辺で死体で発見された少女、警部コエーリョの捜査、実業家フェルゼンなどが登場する半世紀にわたる壮大なスケールのストーリーである。フェルゼンはポルトガルでナチス親衛隊のためにタングステンの買い付けを実行していた。一九九九年の英国推理作家協会のゴールド・ダガー賞を受賞している作品である。

面白いことに、エストレラ山麓では山のチーズと呼ばれるケーダ・ダ・エストレアの産するところで、その地に行ったことはなくとも、このチーズはポルトガル中どこでも手に入るほどポピュラーなチーズである。またポルトガルで唯一スキー場があるのもエストレラ山系で、冬にはそれなりに雪が降るというが、ポルトガル人でスキーを楽しむ金持ちたちはアルプスや他のヨーロッパの高級リゾート地へスキーをしに行くので、残念ながら評判を聞く機会に恵まれなかった。

第八章　ポルトガル再訪

二〇一二（平成二四）年四月から五月にかけてポルトガルを再訪した。実は二〇一二年は初めてポルトガルに赴って一〇年の節目の年であったので、この機に訪れることを考えていた。私たち夫婦にとってセンチメンタル・ジャーニーであった。三年間住んでいたとはいえ、七年間も不在だったので、何がどう変わったのか、変わっていないのか知りたくもあったわけだった。

四月の中旬にポルトガルに着いたが、気温が低く、雨もよく降った。東京より寒い状況だった。二、三月は異常に暑く、三〇度近くまで上った。ところが四月に入ると気象が変わったとのことで、テレビの天気予報をみると、イギリス東南部に低気圧が居座り、ポルトガルのリスボンとスウェーデンのストックホルムを結ぶ線の左側、つまり北ヨーロッパとポルトガル、スペイン、フランスの一部に影響を及ぼしていた。その反対でイタリアやギリシャには熱波が襲っていた。幸いにも友人と会ったり、遠出したりしたときはほとんど降られずにすんだ。

市内にはそれほど多く出回ったわけではなかったが、概して明るくなった気がした。古びた、黒ずんだ建物が多かったと記憶にあるが、多くの建物の壁面はきれいにされていたからである。昔は何もなかったような郊外にもアパートが林立していたが、中には売れ残ってしまったものもあるようだった。共通通貨ユーロに入ってからつい最近の金融危機までは金利が低かったので、国は公共事業を進め、人々はアパートをどんどん建てたのだった。リスボン港もドックを拡張して、一挙に数隻のクルーズ・シップが横づけできるようになり、観光客の数も増えていると聞き及んだ。もっとも今次の金融危機の後、付加価値税が二三％へ引き上げられたため、ポルトガルの人々は外食を控えるようになったそうだ。リベルダーデ通り沿いの映画館街が再開発され、カジノもできたそうだが、残念ながら行くことはできなかった。

まず、ラパ・ホテルに滞在したが、以前にもまして素敵な高級ホテルであった。しかし、所有者は数年前にイギリスのオリエント・エキスプレス社から地元資本のオリシポに代わり、大幅に改装を行い、昔の姿に戻したということだった。多くの友人に会いたいと考え、ここでリユニオン・パーティーを開いた。元大統領サンパイオ氏にも来ていただけた。海洋学者（元科学大臣）マリオ・ルイヴォ氏、BES（エスピリト・サント銀行）副会長マリオ・アマラル氏、元リスボン新大学学長ギマランイス氏、元外務次官ロッシャ・パリス氏、ジェロニモス館長アルメイダ氏にも参加していただき、嬉しかった。もちろん、イングリッド・マルティンス夫人、ペドロ・カナヴァロ氏、横地森太郎夫妻など日葡友好協会のお馴染みの方々も出席してくれた。元国王直系のドン・デュアルテ・ピオはイスタンブールでの結婚式列席のため来れなかったが、弟君のドン・ミゲルが来てくれた。クリスマス・カードや折々のレターの交換はあったが、何年も会っていない大勢の方々が五〇人以上も集まり、ポルトガルの人々の人情の厚さが身に沁みた。

次にアルティス・ベレン・ホテルに宿を移した。近代的な五ツ星ホテルで、みなさんの多大なご協力を得て作った日本庭園、サクラ・ガーデンの隣に最近できたものである。既述のとおり桜は当初のものがなかなか咲かなかったので、三年前に植え替えてくれたのだが、八重桜に近いサクラのようだった。寒い気温のお陰かちょうど咲いていたのは幸いだった。発見のモニュメントからベレンの塔に向かう大勢の人々がサクラ・ガーデンを見ながら歩き、若い男女が芝生の上に寝そべっていた。そばにあった小さなキオスクは数十人の座れるガラス張りのカフェに代わっており、テージョ川を見ながら、食事もできるようになっていた。今回寄ったカフェ、レストランの中では一番賑わっていた。もっとも付加価値税が上がり、外食をしなくなったのは先に述べた通りである。ホテルの西側には昔と同様大小さまざまなヨットが停泊していた。東隣の民族博物館も内部は作り直され、今ではどうやらゲームセンターになっている。

知人にリスボンから北へ車で一時間余の所にあるキンタ・デ・ロリドシュの別荘に呼んでもらった。おいしい高級ワインを作っているが、ブドウ畑の空いた土地をテーマ・パーク風にして、彫像を建てたり、オブジェを置いたり、ミニ円形劇場を作ったり、面白いところであった。この日はワインと田舎料理を楽しめた。行き帰りに気づいたが、丘陵の上にたくさんの真新しい発電用のウインド・ミルが建てられていた。もっともクリーンエネルギーは大切であるものの、補助金の額が嵩んで、困っているそうである。

シントラにも行ってきた。観光客も多く、ほとんど変わっていないと見受けた。リスボンから約三〇キロの同地にある最高級ホテル、セテアイスは全く昔ながらだった。ここではアマラル夫妻が私たちのため立派な午餐会を催してくれた。映画館チェーンのオーナーや元ポルトガル・チャンピオンの女性テニス選手など大勢の方々が集まってくれた。いただいた御食事は七年前に大使公邸でお出ししたもののリクリエーション（再現）であった。お刺身のロブスターはロブスター・サラダに、お口直しのシャーベットにのせた桜の葉（塩漬け）はミント・リーフにして、出してくれた。アマラル夫人はテーブルに、妻の美知子が折って作ってくれたオリガミ作品を自分で折ってディスプレイできないのが残念だと言っていたが、なんと粋な計らいのお返しかと感激した。

葡日協会で活躍する山菅志穂子夫人にもゆっくり会ってきた。彼女は三・一一の地震、津波の被害に遭った南相馬の中学生たちを二〇人もポルトガルに呼んで、あちらこちら観光させるとともに、ホームステイも経験させ、大統領訪問を実現させた（キッズ・イン・ポルトガル）。ロカ岬では津波を思い出し、バスから降りられない子もいたそうだ。たいへんな思いでこのプロジェクトを成功させた安堵とご苦労の話を聞けた。

カヴァコ・シルバ大統領にもお会いできた。官邸に伺ったところ、大統領とマリア夫人が出迎えてくれた。大統領からは、ポルトガル議会は二〇一一年の春の選挙以来安定し、首相は社会党から社会民主党に代わったが、ＩＭＦとの協約には国会議員の八五％のサポートがあるので、財政緊縮はつらいが進めていくとの話だった。私からはポルトガルの官民より日本の被災者への支援に謝意を述べておいた。

大統領になる前のシルバ氏に私が相談して始めた、日本とポルトガルの二重課税防止条約が足掛け七年、ようやく二〇一一年一二月にまとまり、今は日本、ポルトガルの国会で承認されるのを待つところであると述べたところ、大統領は早急の承認が大事であることをポルトガルの議会関係者に必ず伝えると言ってくれた。条約発効の後、日本からイギリスやフランスを経由しないでポルトガルへ直接投資しても、二重課税は生じないことになる。さらにコミッション・フィー、ロイヤリティーなどは本国のみでの課税となるので、進出している日本企業には朗報となる。そこで大統領は日本企業の今後の投資を期待していると発言していた。

さて、共通通貨ユーロはどうなるのか、ポルトガル、ヨーロッパ経済はどう推移するか気にかかる。先ごろ帰国し、退職した駐日ポルトガル大使は退職金が一〇％カットされたと嘆いていた。ポルトガル中央銀行理事のゴディーニョ氏は、ドイツ経済の牽引力がやや落ちているのが気にかかる、スペインの金融混乱が大きくなるとポルトガルへの影響は計り知れない、と心配していた。私の見立てでは、残念ながらヨーロッパの混乱はもう少し続きそうだが、当のポルトガルの人々は相変わらず、ゆったりと落ち着いた暮らしを続けるように思われる。

（「霞会会報」、「日本ポルトガル協会会報」掲載「ポルトガル再訪」を加除修正した）

おわりに

現在はグローバル化が進展し、しかも年々速まっている。街には外国の高級ブランド品や廉価品が溢れ、東京の銀座や表参道は外国の街並みに似てきている。テレビでは日本のニュースに混じって、アメリカや欧州、中国のニュースが報じられる。日本人がビジネスに観光に外国へ出かけ、外国人の訪日者数は増え、最近はとくに急増している。遠い外国という言葉はだんだんと実感から遠のきつつあるかもしれない。われわれは外国のことを知ったつもりになっているが、しかしなかなか外国の異文化を簡単に理解できるものではない。ポルトガルについては長いつきあいなので知っているようであるが、まだ知られていないことが多いのも事実である。幸い日本からポルトガルまで出かけてくれた文人も多いので、彼らの声を聞き、異文化を理解することは重要であろう。

私は二〇〇二年から〇五年までポルトガルで大使を務め、たいへん得がたい経験をさせていただいた。ポルトガルでは貴顕高官から一般の方々と親しく交わり、いろいろと学ばせていただき、「ポルトガル逍遙」を著わした。それからおおよそ一〇年たって、今回『ポルトガル逍遙Ⅱ』を書くことができた。個人的なことになるが、私は財務省、金融庁（旧大蔵省）に就職し、三〇年余にわたりいろいろな部署で働いてきた。予算や金融行政など国内的な仕事が多かったが、国際金融、国際課税や税関など国際的な仕事にも従事した。国際金融分野では国際通貨基金や世界銀行、アジア開発銀行などにかかる折衝が多かったが、これは関係する多くの国々と交渉するなど、いわゆるマルチラテラル（多国間）な性格の仕事で、ポルトガルに赴任して初めてバイラテラル（二国間）の仕事についたということになった。そういう意味でポルトガルという国を深く理解していることの大事さがよくわかった。そして日本とポルトガルの立場から考える、いわゆる複眼的な見方、姿勢に立つことになった。本書でもこのような見方で書いたつもりである。

本書についての責任は全て私のものである。どこまで上に述べた観点が貫かれているか読者の皆様に御判断していただくことになる。皆様から御指摘、御叱正を俟つ。

前後するが、本書のためポルトガルで一緒に働いた人々をはじめ多くの方々に世話になった。また、かまくら春秋社の伊藤玄二郎さん、座馬寛彦さんにはたいへん御指導いただいた。この場を借りて厚く御礼申し上げる。

最後に健康を損ねていたにもかかわらず終始私を支えてくれ、また帰国後も一〇〇通を上回る手作りクリスマスカードを出し続けてくれる妻美知子に感謝して筆を擱くことにする。

二〇一五年　秋

浜中　秀一郎

●ポルトガル地図

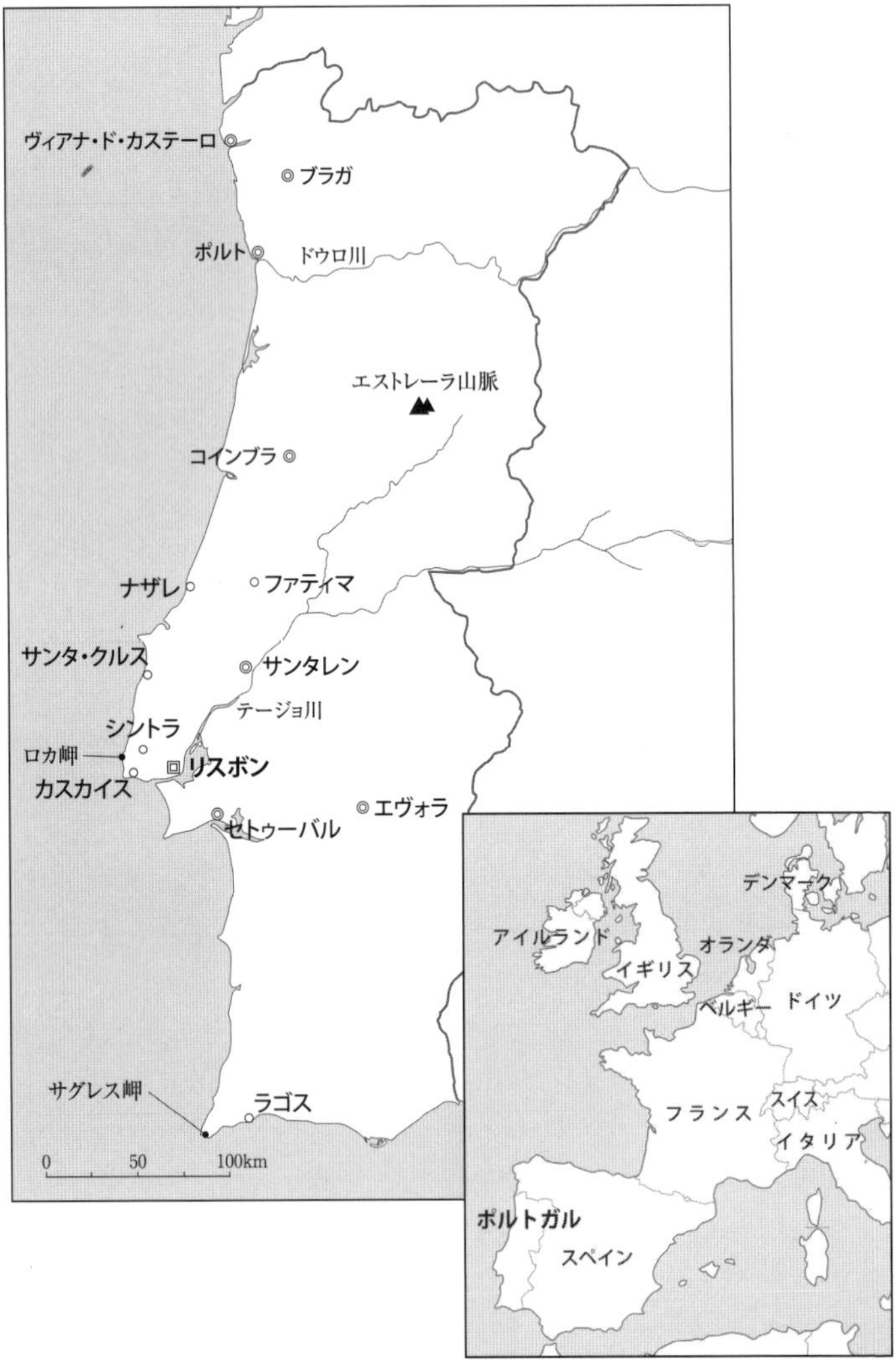

ヴィアナ・ド・カステーロ
ブラガ
ポルト
ドウロ川
エストレーラ山脈
コインブラ
ナザレ
ファティマ
サンタ・クルス
サンタレン
テージョ川
シントラ
ロカ岬
リスボン
カスカイス
エヴォラ
セトゥーバル
サグレス岬
ラゴス
0
50
100km
デンマーク
アイルランド
オランダ
イギリス
ベルギー
ドイツ
フランス
スイス
イタリア
ポルトガル
スペイン

●ポルトガル歴史年表

ポルトガル		世界・日本	
BC600	ギリシャ人のイベリア半島侵入	BC272	ローマがイタリア半島統一
BC201	ローマ人のイベリア半島侵入	BC23	ローマ帝国成立
19	アウグストゥス、イベリア半島征服	146	ローマ、カルタゴを滅ぼす
375	ゲルマン民族大移動はじまる	350	大和朝廷成立
411	スエヴィ族、ブラガにスエヴィ王国建国	476	西ローマ帝国滅亡
585	西ゴート王国、スエヴィ王国を併合	593	聖徳太子の執政
711	イスラム教徒のイベリア半島侵入	645	大化の改新
722	レコンキスタはじまる	732	フランク王国にモーロ人侵入
756	後ウマイヤ朝、コルドバを都とする	750	バグダッドにアッバース朝成立
		794	平安京遷都
1031	後オンマヤ朝崩壊	1007	紫式部が源氏物語を著す
1094	フランス貴族アンリ、ドウロ川流域を所領	1035	カスティリア王国成立
1096	アンリ、ポルトガリア伯爵を名乗る	1096	第1回十字軍
1128	アンリの子エンリケス、ポルトガリア伯爵を名乗る		
1139	エンリケス（アフォンソ1世）国王即位、ポルトガル建国		
1143	ローマ法王がポルトガルを王国と認証		
1147	リスボン征服	1185	平家滅亡
		1192	鎌倉幕府成立
1222	アルコバッサ修道院完成	1206	チンギスカンがモンゴル統一
1249	モーロ人の最後の拠点ファーロ陥落 レコンキスタ終了	1238	グラナダ王国建国
1255	リスボン遷都	1271	蒙古軍が博多侵攻
			マルコ・ポーロが東方への旅に出発
1290	コインブラ大学創設		
1297	カスティリアとアルカセニャス 条約締結（国境画定）	1299	オスマントルコ帝国成立
		1334	建武の中興
1348	ペスト流行	1337	イングランドとフランス百年戦争
1373	イギリスと攻守同盟条約	1368	明王朝興る
1385	ジョアン1世即位 アヴィス朝始まる		
1415	セウタ征服　海外発展始まる		
1420	エンリケ航海王子、キリスト騎士団長となる	1467	応仁の乱
		1479	スペイン王国成立
1488	ディアス、喜望峰迂回成功	1492	グラナダ王国滅亡

ポルトガル		世界・日本	
1494	スペインとトルデシリャス条約締結（世界2分割）	1492	コロンブス、アメリカ大陸発見
1498	ヴァスコ・ダ・ガマ、インド航路発見		
1500	カブラル、ブラジル発見		
1510	インドのゴア征服		
1511	マラッカ征服　香料諸島到達		
1513	中国に到達	1517	ルターの95ケ条（宗教改革始まる）
1518	セイロン征服	1519	マゼラン世界周航（～22）
		1521	コルテス、メキシコ征服
		1531	ピサロ、インカ帝国を征服
		1534	イエズス会創立
		1543	種子島に鉄砲伝来
1554	マカオに拠点設立	1549	ザビエル鹿児島に来航
1563	イエズス会エヴォラ大学設立	1568	オランダ独立戦争（～1648）
1572	カモンイス「ルジアダス」出版	1571	長崎開港　マニラ市発足 レパント沖海戦
1578	セバスティアン王、モロッコ戦役で消息を絶つ	1573	室町幕府滅亡
1580	ポルトガルがスペインに併合される（同君連合）	1582	天正遣欧少年使節派遣（～90） 本能寺の変
1588	無敵艦隊イギリスに敗れる	1587	秀吉禁教令
		1600	関ヶ原の戦い
1602	オランダ・ポルトガル戦争（～63）	1603	徳川幕府成立
		1613	支倉常長の遣欧使節
		1618	宗教（30年）戦争（～48）
1640	ポルトガル、スペインから再独立、ブラガンサ朝始まる	1639	鎖国の完成
1641	オランダ、ポルトガルからマラッカを奪う	1644	明滅亡、清朝の中国支配
1694	ブラジルで金鉱発見	1701	スペイン継承戦争
1750	ポンバル侯の執政始まる		
1755	リスボン大地震	1776	アメリカ合衆国独立
		1789	フランス革命
1807	フランス軍ポルトガル侵入、ポルトガル王室ブラジルに避難（～21）	1804	ナポレオン皇帝に即位
1814	イギリス軍がポルトガルの実権を握る（～20）	1815	ウィーン会議（ナポレオン戦争終結）
1820	立憲君主制の確立	1821	ペルー、メキシコなど独立
1822	ブラジル独立、ペドロが皇帝となる		
1828	ミゲル、絶対君主制を復活（～34）	1840	アヘン戦争

	ポルトガル		世界・日本
		1854	日米和親条約締結
		1856	アロー号戦争
1863	竹内使節団ポルトガル訪問	1860	日葡修好通商条約締結
		1868	明治維新
		1885	ベルリン会議（植民地問題）
		1889	大日本帝国憲法発布
1890	イギリスから最後通牒（アフリカ内陸部からのポルトガル軍撤退）	1894	条約改正（日英新条約調印） 日清戦争
		1902	日英同盟成立
1908	カルロス1世暗殺される	1904	日露戦争
1910	王朝崩壊、ポルトガル共和国成立	1912	中華民国成立
1916	第1次世界大戦へ参戦	1914	第1次世界大戦（～18）
1917	ファティマの奇跡	1917	ロシアで社会主義革命
1926	軍事独裁始まる	1920	国際連盟発足
1928	サラザール財務大臣就任	1929	世界恐慌
1932	サラザール首相就任、独裁体制	1933	ヒットラードイツ首相就任
		1936	スペイン内乱
1939	第2次世界大戦に中立宣言	1939	第2次世界大戦（～45）
		1941	太平洋戦争勃発
		1945	ドイツ、日本降伏
		1946	第１回国連総会
1949	ポルトガルのNATO加盟	1949	NATO発足　中華人民共和国成立
		1950	朝鮮戦争始まる
1955	ポルトガルの国連加盟	1951	サンフランシスコ講和条約調印
1960	発見のモニュメント建設		
1961	アンゴラ独立戦争始まる、インドのゴア併合	1962	キューバ危機
		1969	アポロ11号月面着陸
		1973	第4次中東戦争　オイルショック
1974	カーネーション革命	1975	ヴェトナム戦争終わる
1986	ポルトガルEC加盟	1986	チェルノブイリ原発事故
		1990	東西ドイツ統一
1992	マースリヒト条約締結	1991	ソヴィエト連邦崩壊 ロシア連邦成立　中東で湾岸戦争
1998	リスボン万博		
1999	マカオを中国に返還	2001	アメリカ同時多発テロ（9.11）事件 アフガニスタン戦争始まる
2002	共通通貨ユーロ始まる	2003	イラク戦争
		2007	世界金融危機
2011	国際通貨基金の支援(～14)	2009	ヨーロッパ債務危機発生

参考・引用文献（順不同）

フェルナンド・ペソア（近藤紀子訳）『ペソアと歩くリスボン』彩流社　平成一一年
アントニオ・タブッキ（鈴木昭裕訳）『レクイエム』白水社　平成一一年
大宅壮一『世界の裏街道を行く―中近東・ヨーロッパ編』文藝春秋　昭和三〇年
志賀直哉『リスボンにて』（『世界紀行文学全集4』収載）修道社　昭和四七年
三島由紀夫『ポルトガルの思ひ出』アサヒカメラ　昭和三六年
三島由紀夫『南蛮趣味のふるさと―ポルトガルの首都リスボン』婦人生活　昭和三六年
井上清『条約改正　明治の民族問題』岩波書店　昭和三〇年
大石一男『条約改正交渉史』思文閣　平成二〇年
山下大輔『陸奥宗光と対等条約改正交渉』『日本歴史』六八七号　平成一七年
『葡牙財政ノ危機ニ関スル報告』（『秘書類纂　外交編下巻』収載）秘書類纂刊行会　昭和一〇年
佃実夫『わがモラエス伝』河出書房新社　昭和四一年
ヴィンセスラウ・モラエス（花野富蔵訳）『日本通信』（定本モラエス全集）集英社　昭和四五年
ヴィンセスラウ・モラエス（岡村多希子訳）『日本精神』彩流社　平成八年
石井菊次郎『外交余録』岩波書店　昭和五年
檀一雄『来る日去る日』皆美社　昭和四七年
檀一雄『美味放浪記』日本交通公社　昭和四八年
檀一雄『檀流クッキング』サンケイ新聞　昭和四五年
沢木耕太郎『檀』新潮社　平成一二年
野原一夫『人間　檀一雄』新潮社　昭和六一年
志村孝夫『ポルトガルの緑の丘』沖積社　昭和五〇年
阿川弘之『南蛮阿房第2列車』新潮社　昭和五六年

阿川弘之『人やさき犬やさき 続葭の髄から』文藝春秋 平成一六年
北杜夫『どくとるマンボウ航海記』新潮社 昭和三五年
北杜夫『マンボウ哀愁のヨーロッパ再訪記』青春出版社 平成一二年
遠藤周作『沈黙』新潮社 昭和五六年
遠藤周作『ポルトガル紀行』中央公論 昭和四二年
遠藤周作『ポルトガル・殉教者の美しき故郷』マドモアゼル 昭和四二年
遠藤周作『ポルトガルの秋』読売新聞社 昭和四二年
司馬遼太郎『街道をゆく23 南蛮のみちⅡ』朝日新聞社 昭和六三年
阿刀田高『リスボアを見た女』新潮社 平成七年
宮崎正勝『ザビエルの海』原書房 平成一九年
ピーター・ミルワード（松本たま訳）『ザビエルの見た日本』講談社 平成一〇年
東野利夫『南蛮医アルメイダ―戦国日本を生き抜いたポルトガル人』柏書房 平成五年
井上ひさし『わが友フロイス』ネスコ 昭和五八年
ルイス・フロイス（岡田章雄訳）『ヨーロッパ文化と日本文化』岩波書店 平成三年
若桑みどり『クアトロ・ラガッツィ 天正少年使節と世界帝国』集英社 平成二〇年
瀬戸内寂聴『モラエス恋遍路』実業之日本社 平成二一年三月
新田次郎『孤愁 サウダーデ』毎日新聞社 平成一一年
近松門左衛門『国性爺合戦』岩波文庫 平成元年
吉田修一『7月24日通り』新潮社 平成一六年
キャサリン・ジョージ（千里悠訳）『ポルトガルの花嫁』ハーレクイン社 平成四年
宮本輝『ここに地終わり海始まる』講談社 平成六年
高良倉吉『アジアのなかの琉球王国』吉川弘文館 平成一〇年
東光博英『マカオの歴史 南蛮の光と影』大修館書店 平成一〇年
菅谷成子『フィリピンとメキシコ』（講座世界史1）東京大学出版会 平成七年
菅谷成子『スペイン領フィリピンの成立 岩波講座東南アジア史3』岩波書店 平成一三年
柳沢孝一郎「スペイン帝国の環太平洋関係史」神田

外語大学紀要第二五号　平成二五年
伊藤潔『台湾』中央公論新社　平成五年
篠原陽一「海上交易の世界史」http://www31.ocn.ne.jp/~ysino/koekisi
伊川健二『大航海時代の東アジア』吉川弘文館　平成一九年
『大日本古文書　幕末外国関係文書』各巻　東京大学史料編纂所編纂　東京大学出版会
『通信全覧』『続通信全覧』各巻　外務省通信全覧編集委員会編　雄松堂出版
高橋磌一『開国への国際情勢』あゆみ出版　平成七年
フォス美弥子『幕末出島未公開文書　ドン・クルチウス覚書』新人物往来社　平成四年
ファン・デル・シェイス（小暮実徳訳）『オランダ開国論』雄松堂書店　平成一七年
横山伊徳「日蘭和親条約副章について」東京大学史料編纂所報　昭和六二年
小暮実徳『国家的名声と実益　幕末期のオランダ対日外交政策への一視点』『駿台史学』第一一四号　平成一〇年
福岡万里子『幕末開国史と日蘭追加条約　幕府の開国宣言流布過程』『日蘭学会会誌』　平成八年
福岡万里子『五カ国条約後における幕府条約外交の形成』『日本歴史』七四一号　平成一八年
田辺太一『幕末外交談』冨山房　明治三一年
ジョゼ・アルヴァレス（金七紀夫訳）『日葡修好通商条約と外交関係一八六〇～一九一〇』彩流社　二〇一〇年
フリードリッヒ・オイレンベルク『日本滞在記　第一回独逸遣日使節』日独文化協会　昭和一五年
（『オイレンベルク日本遠征記』中井晶夫訳　雄松堂書店　昭和四四年）
中井晶夫『初期日本—スイス関係史』風間書房　昭和四六年
森田安一『日本とスイスの交流』山川出版　平成一七年
磯見辰典『日本・ベルギー関係史』白水社　平成元年
V・F・アルミニョン（大久保昭男訳）『イタリア使節の幕末見聞記』講談社　平成一二年
長島要一『日本・デンマーク文化交流史』東海大学出版会　平成一九年
福沢諭吉『条約十一国記』慶応三年　http://www.

wul.waseda.ac.jp/kotenseki
松方冬子『オランダ風説書』中央公論新社　平成二二年
松方冬子『オランダ風説書と近世日本』東京大学出版会　平成一九年
アマリア・ロドリゲス（カウド・ヴェルデ訳）『歌いながら人生を』彩流社　平成一八年
アントニオ・タブッキ（須賀敦子訳）『島とクジラと女をめぐる断片』青土社　平成七年
アガサ・クリスティー（長野きよみ訳）『三幕の殺人』早川文庫　平成一五年
アンドリュー・ガーブ『ポルトワインを一杯』早川文庫　昭和五五年
久米邦武編『米欧回覧実記』岩波書店　昭和五七年
José Saramago "Viagem a Portugal"　Editoriial Caminho 1990（"JOURNEY to PORTUGAL" Harvill Press　2000）
Pedro Lains "The Power of Peripheral Governments: Coping with 1891 Financial Crisis in Portugal" UNIVERSIDAD CARLOS III DE MADRID Working Papers in Economic History 2006
Federico Sturzenger & Jeromin Zettttelmeyer "Sovereign Defaults and Debt Restruturings: Historical Overview" in "Defaults and Lessons from a decade of Crisis" chapter 1　MIT Press 2006
Larry Neal & Marc Weidenmier "Crisis in The Global Economy from Tulip to Today : Contagion and Consequences" LBER Working Paper 2002
Enrique Cosio-Pascal "The Emerging of A Multilateral Forum for Debt Restructuring: The Paris Club" UNCTAD　2008
Florentino Rodao "Departure from Asia" in Brian D. Bunk, Sasha D. Pock, Carl - Gustaf Scott "Nation and Conflict in Modern Spain" Parallel Press 2008
Stefan Harzen and Barbara J. Brunnick "Skin disorders in bottlenose dolphins （Tursiops truncatus） resident in the Sado estuary, Portugal" Aquatic Mammals 1997

浜中秀一郎（はまなか・ひでいちろう）

1944年生まれ。東京大学卒業後、68年大蔵省（現財務省）入省。大阪税関長、財政金融研究所長を経て、98年6月金融監督庁次長、2000年6月金融庁次長に就任。国際協力銀行理事の後、02年9月より在ポルトガル日本国大使に就任。現在、京都外国語大学理事。ブラジルおよびポルトガルより叙勲。

ポルトガル逍遥Ⅱ

著者　浜中秀一郎

発行者　伊藤玄二郎

発行所　かまくら春秋社
鎌倉市小町二―一四―七
電話〇四六七（二五）二八六四

印刷　ケイアール

平成二七年一一月一九日　発行

ISBN978-4-7740-0669-7 C0095